JN065475

「底力」シリーズ 14

# 英語ミステイクの底力

そこぢから

里中 哲彦／著

PLACE

# はしがき

　予備校の教壇に立って、三十数余年の歳月が経過しました。この間、コーパス言語学 (電子化された言語資料の集積体を言語学の視点から分析する学問) が脚光を浴び、従来の指導内容に小さくない影響を及ぼしました。

　言語は流動的なもので、絶えず変化の波に洗われています。このことはコーパスによるデータ分析を眺めれば一目瞭然です。現代英語といわれるものでさえ、10年という短い時間の経過のなかにも変化が起こっていることが統計的に実証されています。

　しかし幸いなことに、「言語は変化する」という命題には「言語研究もそれに応じて進歩する」という事実が付随しており、次々と新しい研究成果がわたしたちのまえに提示されています。

　英語を学ぶ者たちに文のしくみや特性を理解させたいと願うことは教育の現場で英語を教える者たちの願いですが、最新の知見に基づいた現代英語の姿を語ることもまたみずからに課さなくてはなりません。

　しかし、学習参考書を見ると、旧態依然とした文法・語法情報が幅をきかせている現状がありますし、教師みずからが受験生のときに身につけた知識の切り売りをしているという現実もあります。

　筆者はこれまで「日本人の英語」をたくさん見聞きしてきましたが、そこには「共通の誤り」というものがあります。大げさに聞こえるかもしれませんが、脈々と受け継がれている誤解や曲解が存在しているのです。

**002**

ふりかえってみますと、筆者自身、自分のおかしたミステイクをさまざまな角度から眺めることで、みずからの英語力を養ってきたように思います。タイトルにもあるように、ミステイクが底力となって、英語のしくみや発想をより深く理解することができるようになったのです。失敗が成功の重要なファクターであるように、ミステイクは上達に欠かせぬ要素ではないでしょうか。

　こうしたこともあって、予備校における英作文（英語表現）の講義では、「自分のつくった誤文をいろんなアングルから眺めてみなさい」とか「ミステイクを深堀りしてみよう」と指導することになります。結果、社交辞令まじりの報告かもしれませんが、多くの学生たちが「おかげで伝わる英語を身につけることができるようになった」といってくれます。

　本書は、学習者がおかしがちな誤りに注目して、言語事実に基づいた「正しい英語」を提示しています。読者のみなさん、とりわけ中学校、高校、予備校の先生、そしてこれから英語教育にたずさわろうとしている大学生たちのお役に立てるのなら、これにまさる喜びはありません。

　最後になりますが、さまざまな情報を提供してくださったインフォーマントのみなさん、最終段階で英文のすべてに目をとおして助言をしてくださったキャサリン・クラフト（Kathryn A. Craft）さん、本企画を手際よくまとめてくださったプレイスの山内昭夫社長に感謝の言葉を述べさせていただきます。ありがとうございました。

2021年初秋

里中哲彦（さとなか・てつひこ）

# 第2章

## 「発想」の困惑 ........................................................ 081

# 第3章

## 「語法」の混同 ............................................................. 129

# 第4章

## 「成句」の曲解 ....................................................................179

〔**本書で用いた略号と用語**〕
　**O**　容認される文
　**✖**　容認されない文
　**?**　不自然な文
　**☑**　例文

　**S**　主語 (原則として名詞)
　**V**　動詞
　**O**　目的語 (原則として名詞)
　**C**　補語 (原則として名詞・形容詞・分詞)
　**A**　前置詞の目的語

　**（　）**　言い換えることができる語句
　**（　）**　省略することができる語句
　**/**　語句・訳語などの列挙
　**●**　概念の列挙
**that節**　接続詞 that によって導かれる節
**wh-節**　when / where / why / how / whether などに導かれる節

　**古英語**　449〜1100年ごろの英語
　**中英語**　1100〜1500年ごろの英語
　**近代英語**　1500〜1900年ごろの英語
　**現代英語**　1900年以降の英語

〔**付記**〕
　　本文中で使っている「ネイティヴ・スピーカー」は、native speakers of English (英語母語話者) のことです。

# 第 1 章

# 「文法」

## の誤用

Mistake!

# 001. 〈可算名詞〉と〈不可算名詞〉のイメージ

**あごに卵がついているよ。**

✗ You have *an egg* on your chin.

「不定冠詞（**a / an**）のついた名詞」と「不定冠詞のつかない名詞」とでは何が違うのでしょうか。

☑ I have *an egg* every morning.
　（毎朝、卵をひとつ食べます）

明確な形をもったひとつの卵（an egg）がイメージできますね。

○ You have *egg* on your chin.
　（あごに卵がついているよ）

あごのところに、こぼした卵がちょっぴり付着しているのがわかります。明確な形をもたない卵（egg）がイメージできます。
　では、これを、

✗ You have *an egg* on your chin.

とすると、「あごに卵がまるごと1個ついている」ことになってしまいます。
　以上のことから、**不定冠詞（a / an）のついた名詞は明確な形をもつ個体をあらわし、不定冠詞のつかない名詞は明確な形をもたない**ものであることがわかります（もちろん、すべての名詞にこのことがあてはまるわけではありません）。

☑ Would you get me *a ketchup* while you are up?
（立ったついでに、ケチャップを取ってきてくれる？）

　発話者は、ビンあるいはチューブに入った1個のケチャップを頭に思い描いています。

☑ You don't like tomatoes and love *ketchup*.
（トマトは苦手なのに、ケチャップは大好きなんだね）

　発言者は、明確な形をもたないケチャップを思い浮かべてしゃべっています。また、

☑ I'd like *a coffee*.
（コーヒーをお願いします）

といえば、カップに入った1杯のコーヒーを店で注文していることがわかります。

☑ Someone spilled *coffee* on the floor.
（誰か、床にコーヒーをこぼしたな）

　このようにいえば、明確な形をもたないコーヒーが床に広がっているのがイメージされているのです。

---

**あごに卵がついているよ。**
○ You have *egg* on your chin.

Mistake!

# 002. 数えられない「髪の毛」

**彼は長髪だ。**
**✖ He has *a* long *hair*.**

　サザエさん家の波平さんは頭の毛が1本しかありません。とうぜん、その頭髪は数えることができます。ゆえに、"hair" は**可算名詞**（1本2本……と数えられる名詞）ということができます。

☑ There is only *a* (single) *hair* on Namihei's head.
　　（波平の頭には毛が1本しかない）

以下の英文も納得がいくことでしょう。

☑ You have *a hair* on your collar.
　　（衿(えり)に髪の毛が1本ついているよ）
☑ I found *two hairs* in the soup!
　　（スープに髪の毛が2本入っていたわ！）

　1本1本の髪の毛が、明確な形をもつ「数えられる名詞」としてとらえられています。可算名詞ですから、とうぜん "many" という形容詞もつきます。

☑ Honey, why are there so *many hairs* on the back seat?
　　（あなた、どうして後部座席にたくさんの毛髪があるの？）

ところが、数えられない頭髪もあるのです。

☑ She has thick *hair*.
（彼女はふさふさした髪をしている）
☑ Dad is losing his *hair*.
（父は髪が薄くなってきた）

　髪の毛は1本2本と数えられるのだから "hairs" と複数形にしてもよさそうなものですが、そうはなっていません。頭髪はふつう（とりわけ若い人は）十数万本もあるので、髪全体をいうときは、もはや数えられる対象としてみなされないのです。**髪（全体）は無数の集合体であり、ゆえに不可算名詞（数えられない名詞）になるのです。**
　というわけで、問題文は次のように言いあらわさないといけません。

O He has long *hair*.
（彼は長髪だ）

　つまり、"hair" はその数が少ないときは複数になれるのに、数が多くなると髪の毛全体がひとつのまとまりとして認識され、不可算名詞になってしまうのです。したがって、「髪を洗う」や「髪を染める」もまた、髪の毛を集合的にとらえて不可算名詞扱いをします。

☑ Wash your *hair* right now.
（すぐに髪を洗いなさい）
☑ Dyeing your *hair* is prohibited by school regulations.
（髪の毛を染めるのは校則で禁止されている）

**彼は長髪だ。**
O **He has long *hair*.**

## Mistake!

# 003. 「不可算名詞」は数えられる?

彼女は国際ビジネスの仕組みについての基本的な知識をもっている。

✗ She has *basic understanding* of how international business works.

behavior (行動) / damage (被害) / health (健康) / information (情報) / laughter (笑い) / music (音楽) / news (知らせ) / traffic (交通) / weather (天気) / work (仕事) などの抽象名詞は**不可算名詞**です。これらの単語は形容詞がついても不定冠詞の "a(n)" がつくことはありません。

✗ The floods caused *a serious damage* to crops.
○ The floods caused *serious damage* to crops.
　(洪水は農作物に深刻な被害を及ぼした)

✗ That's *a great news*.
○ That's *great news*.
　(それはいい知らせだ)

しかし、例外はあるもので、**understanding** (理解)、**education** (教育)、**knowledge** (知識) の3つは、形容詞がつくと冠詞の "a(n)" がつきます ("knowledge" はつかないこともあります)。

☑ You need to acquire *a clear understanding* of acid rain.
　(きみたちは酸性雨についてしっかりと理解しなくてはならない)
　▶ a clear understanding「明確な理解」

☑ How can you make your way in life without *a good education*?

(よい教育を受けずして、どうして世に出られようか?)

▶ a good education「よい教育」

☑ He has *a good knowledge* of Italian art.

(彼はイタリア芸術に精通している)

▶ a good knowledge「豊富な知識」

　形容詞に修飾されると、意味が限定され、明確性（概要・輪郭・あらまし・具象性・基準）が暗示されて、可算名詞の性質を帯びてくるのです。とはいえ、数詞をつけることもできないし、複数形になるわけでもないので、可算名詞の認定を与えられてはいません。

　なお、"knowledge" は形容詞がなくても "a" がつくことがあります。

☑ You need to have *a knowledge* of computers to understand AI.

(AI を理解するにはコンピュータの知識が必要だ)

　〈**have a knowledge of A**〉の形で用いられることがほとんで、その場合の〈a knowledge of A〉は「A についての（ひととおりの体系）知識」を暗示します。

---

**彼女は国際ビジネスの仕組みについての基本的な知識をもっている。**

○ She has a *basic understanding* of how international business works.

Mistake!

# 004. 〈Congratulations!〉と複数形

**おめでとう！**
✖ *Congratulation!*

　日本人レポーターが勝者に向かって "Congratulation!" を連発している―そんな光景をテレビで目にすることがあります。しかし、"Congratulation!" と**単数でいうことはありません**。

⭕ *Congratulations*!
　（おめでとう！）

　このように**かならず複数形**にします。むしろ、〈s〉の音が聞こえるように意識的に発音するのです。短縮形もあります。

☑ Congrats!
　（おめでとう！）
　▶〔カング**ラ**ッツ〕と発音します。アクセントは "ラ" にあります。

　次の2文をごらんください。

☑ Thanks.
　（どうも）
☑ Many thanks.
　（どうもありがとう）

　これも複数形の〈s〉がついています。いずれの "thanks" も名詞です。"thank" と単数形になることはありません。

　なぜ、このように複数をあらわす〈s〉がつくのでしょうか。
　"Thanks." の場合は、**あふれんばかりの感謝の気持ち**が、"Congratulations!" の場合は、**あふれんばかりの祝福の気持ち**が複数形になってあらわれているのです。これを文法用語では「**強意複数**」(intensive plural) と呼んでいます。

☑ Give my best *regards* to your family.
　　（ご家族のみなさんによろしくお伝えください）
　　▶ regards「思いやる気持ち / よろしくという気持ち」

　この "regards" も同様で、**あふれんばかりの思いやる気持ち**が複数形となって示されています。カードや手紙の最後で、

☑ Best *wishes*!
　　（お幸せに！）
　　▶ wishes「祈る気持ち / 祝福する気持ち」

という言葉を添えることがありますが、ここでも**あふれんばかりの祈願の気持ち**が wishes（複数形）となってあらわれています。

☑ Please accept my *condolences* on your mother's death.
　　（ご母堂(ぼどう)様のご逝去にお悔やみ申し上げます）
　　▶ condolences「哀惜の気持ち」

も同様です。

おめでとう！
○ Congratulations!

Mistake!

# 005. 「わたしたち」の〈you〉

**空腹のときは何でもおいしい。**
**? Everything is delicious when *we* are hungry.**

　多くの英語学習者は「わたしたち＝we」と刷り込まれていますが、押さえておきたいのは、**"we" は基本的に限られた「わたしたち」であって、そうではない人たちがいる**というのが前提になっていることです。

☑ *We* have four seasons in Japan.
　（日本には四季があります）

☑ *We* need to know more about the enemy.
　（わたしたちは敵についてもっと知る必要がある）

　"we" には、対立概念としての they（わたしたちではない他の人たち）が無意識のうちに対置されています。
　聞き手を含まない "we" もあります。

☑ *We* are all your friends.
　（わたしたちはあなたの仲間です）

　この場合の "we" は明らかに聞き手 (you) を含んでいません。
　いっぽう、**"you"** は聞き手の「あなた (たち)」だけでなく、話し手と聞き手、そしてその他すべての人を含む「わたしたち」、つまり「**みんな / 人々全般**」を指し示すことがあります。

☑ *You* never know what the future holds.
（将来何が待ちかまえているかなんて誰にもわからない）

☑ As *you* get older, *you* worry less about little things.
（年をとるにつれて、小さなことは気にならなくなる）

☑ *You* can get almost all kinds of information on the Internet.
（インターネットを使えば、ほとんどどんな情報も手に入れられる）

　この "you" をあえて訳せば、「人はだれでも」あたりになるのでしょうが、日本語の場合は、あえて訳す必要がないように思われます。
　というわけで、「空腹のときは何でもおいしい」の主語は「人はだれでも」であると考えて、"you" を主語にするのが妥当です。

O Everything is delicious when *you* are hungry.

　また、話しかけるような親しみがあるので、広告文や呼びかけなどでも好まれます。

☑ *You* can't smoke in the lobby.
（ロビーでたばこを吸うことはできません）

☑ *You* can never be too careful.
（用心に越したことはない）

空腹のときは何でもおいしい。
O **Everything is delicious when *you* are hungry.**

# 006. 「パンダ」や「イルカ」のあらわし方

**パンダはまもなく絶滅するだろう。**
✖ *A panda* will soon be extinct.
✖ *The pandas* will soon be extinct.

　あるものを総称して「〜というものは」というとき、〈the＋名詞〉や〈a / an＋名詞〉であらわすことができます。

　がしかし、正解は次の2つです。

○ *Pandas* will soon be extinct.
○ *The panda* will soon be extinct.

　上は〈無冠詞で複数形: Pandas〉、下は〈**the＋単数名詞**: The pandas〉になっています。

　たとえば、「イルカは海の哺乳動物です」という場合、次の3つの言い方が可能です。

(1) *Dolphins* are marine mammals.

　**総称表現として、もっとも一般的なのは無冠詞で複数形です。**「総称表現は無冠詞複数形」とまず覚えておきましょう。特定のイルカではなく、イルカ全般について言及する場合にふさわしい表現です。したがって、「パンダはまもなく絶滅するだろう」は "Pandas will ..." とすることができます。

(2) *The dolphin* is a marine mammal.

　一般に「**総称の the**」と呼ばれる用法です。

　まず、〈the ＋単数名詞〉になっていることに注目してください。〈the ＋複数名詞〉になると、もはや総称表現ではなく、「特定された複数のイルカ」になってしまいます。

　したがって、「パンダはまもなく絶滅するだろう」を "The pandas will ..." とすることはできません。

　この〈the ＋単数名詞〉は集団全体の状態について述べる形式ばった言い方で、イルカという種を他の種と区別して特定しています。

　〈the ＋単数名詞〉は、ほかの種と区別するときに用いられることから、理科の本や生物図鑑などの説明によく使われます。たいていは、あらたまった感じの書き言葉として用いられます。

　したがって、「パンダはまもなく絶滅するだろう」は "The Panda will ..." と書きあらわすことができます。

(3) *A dolphin* is a marine mammal.

　任意の1つ（1人/1匹）をその代表として取りあげ、「〜というものはどれでも」の意味で、**その種類・種族のものに共通する性質を述べる用法**です。この不定冠詞（a / an）は any（どの〜も）と同じ意味をもっています。ですから、個体としての性質を説明するときには適していますが、種全体を包括的にとらえて言及する場合には適用されません。

　したがって、「パンダはまもなく絶滅するだろう」を、"A panda will ..." と表現することはできません。

**パンダはまもなく絶滅するだろう。**
○ *Pandas* will soon be extinact.
○ *The panda* will soon be extinct.

**Mistake!**

# 007. 留守録メッセージにみる〈冠詞〉

> **（留守録の待ち受けメッセージ）**
> **伝言を残してください。**
> ? **Please leave *your* message.**

　ある友人（アメリカ人女性）は、次のような案内メッセージを録音しています。

☑ Sorry, I can't come to the phone right now. So please leave <u>a</u> *message* at the tone.
（ごめんなさい。いま電話に出られません。発信音が鳴りましたら、メッセージを残してください）

　留守録で自分が誰であるか名乗らないことや留守であることを伝えないのは犯罪防止のためだそうです。それはさておき、ここでは **"a message"** に注目してください。
　次は、小さな会社を経営している友人（アメリカ人男性）の留守電の待ち受けメッセージです。

☑ Hello, you have reached the office of Michael Brown. Our business hours are from Monday to Friday, 10 am to 7pm. Unfortunately, we are unable to take your call at the moment. If you leave your name, telephone number and <u>a</u> *brief message*, we will call you back as soon as we can.
（こちらはマイケル・ブラウン（仮名）のオフィスです。営業時間は月曜日から金曜日の朝10時から夜7時です。申し訳ありませんが、ただいま電話に出ることができません。お名前、電

話番号、手短なメッセージを残していただければ、折り返しお
電話をさせていただきます)

さて、ここで注目していただきたいのは、「メッセージ」の部分
です。いずれも "a message" となっています。どうしてでしょうか。
「存在しているメッセージではない」ので、"a message" としてい
るのです。次の文をごらんください。

☑ I heard _your message_. What time will you be here in Sendai?
（メッセージを聞いたわ。で、何時ごろに仙台に着くの？）

**録音されてはじめて"your message" となる**のです。
ところが、ネイティヴ・スピーカーでも次のような留守録を流し
ている人がいます。

☑ Hi. This is your old pal, Jack. Please leave _your message_ after
the tone.
（やあ、おなじみのジャックだ。発信音のあとにメッセージを
残しておくれ）

このように "your message" としている人もいますが、これは
「標準英語」とはいえません。伝えるべき大事なメッセージが相手
にあるという思い込みで "your message" としているのだと思われ
ます。

**（留守録の待ち受けメッセージ）**
**伝言を残してください。**
○ **Please leave _a_ message.**

**Mistake!**

# 008. 「私はコーヒー」といえるか?

〔カフェで注文したものが運ばれてきた際に〕
**私はコーヒー。**
**? I'm *coffee*.**

カフェやレストランで、「私はコーヒー」を、

**O** *I'm <u>the</u>* coffee.

ということがあります。通例、"the" をつけて用います。

ただし、状況が限定されます。どういうシチュエーションで使うかというと、**注文したものが運ばれてきたときに使うのです。**テーブルに2人あるいはそれ以上の注文客がいて、**それぞれ頼んだ品がバラバラだった場合に使うのです。**

☑ **A:** I had the Coke.
  （こっちはコーラね）
 **B:** *I'm <u>the</u>* club sandwich and *<u>the</u>* orange juice.
  （私はクラブサンドイッチとオレンジジュース）
 **C:** *I'm <u>the</u>* coffee.
  （僕はコーヒー）

このように、**注文したものに "the" をつけて使うのです。**
どうしてでしょうか。

☑ I'm the coffee.
 = I'm (the person who ordered) the coffee.

（私が先ほどそのコーヒーを注文した人間です）

と考えられているからです。

　注文したものがまとまって運ばれてきたときは、情報をすばやく伝える必要があるので、このような省略をした言い方をするようになったのです。A さんの言いまわしにも注目してください。A さんは I had the Coke.（こっちはコーラね）といっていますが、〈I had ...〉は「先ほど……を注文しました」の意味です。これは注文するときの表現である I'll have ...（……をお願いします）を過去形にして用いているのです。この言いまわしも頻繁に耳にします。

　では、注文する際に〈I'm ...〉は使えるのでしょうか。テーブルに数人の注文客がいて、それぞれ注文するものが違う場合は、

☑ **A:** I'll have a cheeseburger and a Coke.
　　（僕はチーズバーガーとコーラしよう）
　**B:** Give me a soy latte.
　　（俺は豆乳ラテ）
　**C:** *Just coffee for me, pleae.*
　　（私はコーヒーね）

などというのがふつうです。たとえば C が、〈I'm (a person who wants) coffee.〉のつもりで〈I'm coffee.〉といったとしましょう。どうでしょうか。インフォーマントによれば、「つうじるでしょうが、注文するときは使わない」とのことでした。

---

**（カフェで注文したものが運ばれてきた際に）**
**私はコーヒー。**
○ **I'm *the coffee*.**

**Mistake!**

# 009. 〈a kind of〉の勘違い

> **彼女は僕にとって先生のような存在です。**
> **?** She is a kind of *a teacher* for me.

**kind**（種類）は中学で学ぶ基本単語ですが、日本人の学習者ばかりか、ネイティヴ・スピーカーでさえ、その用法に自信がもてないようです。以下で、その使い方の原則について述べましょう。

(1) a kind of ... の後ろは**無冠詞の名詞**を置くのが原則です。

したがって、問題文は、

**O** She is *a kind of* teacher for me.

としなければいけません。しかし、なかには、

**?** She is *a kind of* a teacher for me.

といっているネイティヴ・スピーカーもいます。

また、この日本語訳ですが、辞書などには「一種の」と書いてありますが、「いわば」とか「のようなもの」とすると、しっくりくることがよくあります（問題文ではそうしてあります）。

(2) this / that kind of ... の後ろは**無冠詞の単数名詞**をおきます
（口語では**複数名詞**をおく例が見られます）。

☑ *This kind of* accident happens when you are careless.
（この種の事故は慎重さを欠いたときに起こる）

(3) these / those / many / all / different kinds of ... の後ろには
**複数名詞**をおきます。ネイティヴ・スピーカーのなかには、all
kind of ... などとやる人を見かけますが、それは "非標準の英語"
とみなされています。

☑ I don't like *these kinds of* mistakes.
　（この種の間違いはやってはいけない）
☑ They have many *different kinds of* salads.
　（あそこの店にはいろんなサラダがあるわよ）
☑ We sell *all kinds of* guitars.
　（当店ではありとあらゆる種類のギターを売っています）

(4)「どんな種類の……?」は〈**What kind of ＋無冠詞の名詞 ...?**〉
としますが、**信用度・腕前・能力・性能**をたずねるときは〈**What
kind of a ＋名詞 ...?**〉とすることがあります。

☑ *What kind of* doctor is she?
　（彼女は何が専門の医者なの?）
☑ *What kind of* a doctor is she?
　（彼女はどの程度の医者なの?）

　また、**sort**（種類）も "kind" と同じ使い方をするということを覚
えておいてください。

---

**彼女は僕にとって先生のような存在です。**
○ She is a kind of *teacher* for me.
○ She is a sort of *teacher* for me.

**Mistake!**

# 010. 〈no〉の後ろは複数形か単数形か?

> うちのおばあちゃんは歯がないんだよ。
> ? My grandma has no *tooth*.

"no" の後ろに可算名詞を続ける場合、複数名詞を置いたらいいのか、それとも単数名詞を置くべきか。あなたはどう考えますか。

☑ This tree has no *leaves*.
   (この木には葉がない)

一般に、**no の直後につづく可算名詞の場合、複数で存在するのが自然と感じられれば複数形に、単数で存在するのが自然と思われれば単数形にします。**この文の場合、葉は複数あるのがふつうであると考えられているため、複数形にしているのです。

○ My grandma has no *teeth*.
   (うちのおばあちゃんは歯がないんだよ)

同様に、歯も複数あると考えられているため、単数形 (tooth) ではなく、複数形 (teeth) にするのがふつうです。
もともと1人(もしくは1つ)しか存在しないと考えられている名詞は単数形にします。

☑ Ken has no *father*, but he has a mother living in Gifu.
   (ケンには父親がいないが、岐阜に住んでいる母親がいる)

父親や母親は1人であると考えられているため、通例、単数で受けます。

☑ There is no *swimming pool* in the hotel.
（ホテルにはプールはありません）

☑ There is no *place* like home.
（わが家にまさる場所はない）

これらの文では、話し手が単数を頭に思い描いていることがわかります。
次の英文は単数名詞と複数名詞の両方を後続させています。

☑ There are no *gas stations* around here.
（このあたりにはガソリンスタンドがない）

☑ There is no *gas station* around here.
（このあたりにはガソリンスタンドが1つもない）

☑ I have no *books* to read.
（読みたい本がない）

☑ I have no *book* to read.
（読みたい本が1冊もない）

つまり、**発話者による数の認識によって、"no" の後ろが単数になったり複数になったりする**のです。

うちのおばあちゃんは歯がないんだよ。
○ My grandma has no *teeth*.

**Mistake!**

# 011. 心的態度をあらわす〈助動詞〉の使われ方

> **彼はきっと浮気をしている。**
> **? He *is* cheating on his wife.**

　日本人英語で気になるのは「断定口調で表現することがひじょうに多いことだ」と英語母語話者はよく指摘します。このことはすなわち、**法助動詞（can / could / may / might / must / will / shall / would / should / ought など）を使いこなしていない**ということを意味します。

　ここでいう「**法**」とは、話し手の心的態度（modality）といった意味ですが、問題文にあてはめた場合、「彼はきっと浮気をしている」という推量を、あたかも事実であるかのように言いあらわす傾向があるというのです（ここからは「法助動詞」ではなく、なじみのある「助動詞」という用語を使います）。

　〈現在の推量〉をあらわす助動詞といえば、**must**（〜にちがいない）ばかりが大きく取りあげられますが、**"have to"** や **"have got to"** にも同じ用法があります。

(1) He *has to* be cheating on his wife.
　（彼は浮気をしているにちがいない）
　▶ cheat on A「Aに対する裏切り行為をする → 浮気する」

(2) He's *got to* be cheating on his wife.
　（彼は浮気をしているにちがいない）

(3) He *must* be cheating on his wife.
　（彼はきっと浮気をしている）

(4) He *may* [*might*] be cheating on his wife.
　（彼、浮気してるかもよ）

　断定度は (1) (2) (3) が強く、(4) の may / might は日本語の「(ひょっとしたら) 〜かもしれない」に近く、確信の度合いは薄くなります。

　とりわけ日常会話では、略式体の "have got to" が好んで用いられます。

☑ You've *got to* be kidding.
　（冗談だろ）

☑ He's *got to* be mistaken.
　（彼はきっと勘違いしている）

☑ She's *got to* be stuck in traffic—she wouldn't be late otherwise.
　（彼女はきっと渋滞で立往生しているのだろう。そうでなければ遅れたりしないはずだ）

**後ろにくる動詞は、ほとんどの場合、be 動詞であることにも注**目してください。

**彼はきっと浮気をしている。**
○ He *has to* be cheating on his wife.
○ He's *got to* be cheating on his wife.
○ He *must* be cheating on his wife.

**Mistake!**

# 012. 〈shall〉の未来

**コーヒーを入れようか?**
? *Shall I* make coffee?

"**shall**" のもとの意味は「〜することを負うている」でした。語源的なことをいうと、「(金を) 借りている」が原義で、そこから「義務を負っている」という意味をもつようになりました。中核的概念は〈**束縛**〉で、束縛する主体は、神・法律・規則・権威などでした。〈**束縛**〉から〈**当然・義務・規定**〉への道のりはわずかです。

こうして、"shall" に「**当然〜することになっている / 当然〜するものである**」という〈当然〉や〈規定・義務・天命・運命・保証・未来の予言〉という意味が生じました。〈当然〉以下に羅列した規定も義務も天命も運命も保証も未来の予言も、すべて〈当然〉から派生したものと考えることができます。

1941年、日本軍に追いつめられてフィリピン撤退を余儀なくされたダグラス・マッカーサーは、次のような言葉を吐きました。

☑ I *shall* return.
  (私はかならずやこの地に戻ってくる)

"shall" を使うことによって、自分の言葉に神秘性をもたせたのです。現在、"shall" を使った文は「古い文語体」扱いをされ、日常会話で使う人はまずいませんが、聖書や憲法だけでなく、おごそかな場のスピーチや契約文書などではよく顔をだしています。

さて、申し出をあらわす表現として、学校英語では依然として **Shall I ...?** (......しましょうか?) という表現を熱心に教えていますが、ひじょうに**堅苦しく響く**ので、あらたまった場でしか使われて

いないのが現状です。

　この "shall" は〈保証の shall〉と呼ばれるもので、「あなたが望めば、私は確実にそうすることを保証しますが、そうなりましょうか?」と格式ばって相手にお伺いをたてているのです。イギリス人のインフォーマントにたずねると、「フォーマルな感じが漂うがゆえに、フォーマルな場にはふさわしい」とのことでした。

　では、〈Shall I ...?〉の代わりにネイティヴ・スピーカーは日ごろ何を使っているのでしょうか。

○ *Should I* make coffee?
　（コーヒーをお入れしましょうか?）
○ *Would you like me to* make coffee?
　（コーヒーを入れましょうか?）

　とはいえ、これらの表現もかなり丁寧な言い方なので、親しい者同士では、〈**Do you want me to ...?**〉を使うのがふつうです。学校英語ではまずこのフレーズを教えたほうがよいと思われます。

○ *Do you want me to* make coffee?
　（コーヒーを入れようか?）

　くだけた会話では、さらに "Do you" を省略して、**"Want me to make coffee?"** といっています。

---

**コーヒーを入れようか?**
○ (*Do you*) *Want me to* make coffee?

# 013. 〈Shall we ...?〉の現在

**ちょっと休憩しようよ。**
? *Shall we* take a break?

　提案や申し出をするときは、**Shall we ...?**（一緒に……しましょう
よ?）を使う、と習った読者も数多くいるでしょう。

　〈Shall we ...?〉の "shall" は、前項で説明した、話し手の意志に
よる〈**保証の shall**〉だと考えることができます。厳密にその意味
を強調して訳せば、「わたしたちが望みさえすれば、わたしたちは
確実にそうなることを保証しますが、そうなりましょうか?」とい
ったニュアンスです。

☑ *Shall we* dance?
　（さあ、ダンスしましょう）

　日本人の多くが知るフレーズ "Shall we dance?" は、ダンスに誘
うときの決まり文句ですが、年配のアメリカ人ならフレッド・アス
テアとジンジャー・ロジャースが共演したダンス・ミュージカル映
画『踊らん哉』(*Shall We Dance*: 1937) をおそらく思いだすことでし
ょう。あるいは映画「王様と私」(*The King and I*: 1956) の主題歌を
郷愁とともに口ずさむかもしれません。

　いずれにしても、Shall I ...? (……しましょうか?) と同様、〈Shall
we ...?〉が日常会話で聞かれることはまずありません。**ひじょうに
古めかしい表現**として見なされています。

　アメリカ人のインフォーマント (社会言語学者 / 女性) によれば、
「生まれてこのかた一度も口にしたことがない。将来、死語になる
可能性もある」そうです。

　現代口語では、**"Should we … ?"** や **"Let's ..."** という提案の表現を使うのが一般的です。

○ *Should we* take a break?
　（休憩しましょうよ）
○ *Let's* take a break.
　（ちょっと休憩しようよ）

　ただし、〈Let's ...〉はすでに相手と意見が一致していることが明らかな場合に用いることが多いため、Let's ... （さあ……しようよ）を多用すると、**有無をいわさない軽い命令**と捉えられることがあり、自己中心的との印象を与えかねません。
　そこで、よくよく観察してみると、上品な大人は、〈Let's ...〉よりも丁寧な表現である **Why don't we ...?** （……しましょうよ）を使っていることに気づきます。

○ *Why don't we* take a break?
　（ちょっと休憩しませんか?）

　疑問文の形をとることで、〈Let's ...〉より強制力はだいぶ弱まります。これからはもっと〈Why don't we ...?〉を使ってみましょう。

---

**ちょっと休憩しようよ。**
○ *Should we* take a break?
○ *Let's* take a break.
○ *Why don't we* take a break?

Mistake!

# 014. 〈must〉の過去形は？

**わたしたちは5階まで階段を使わざるをえなかった。**

✗ We *must have* taken the stairs to the fifth floor.

　助動詞 "will" の過去形は "would"、"can" の過去形は "could"、"may" の過去形は "might" です。しかし、**"must" の過去形はありません**。

　"must" は古英語では、mot（1人称現在形）、most（2人称現在形）、mot（3人称現在形）で、過去形はいずれも moste（モーステ）でした。もともとは「〜することができる（can）／〜してもよい（may）／〜することが許されている」という意味をカヴァーしていましたが、時が経つにつれて、「〜しなければならない」という意味をもつようになりました。

　なぜ "must" には過去形がないのでしょうか。

　それは、**"must" 自体が過去形だった**からです。語源をたどれば、"moste" が "must" になったのです。語末に〈st〉がついていますが、これは動詞の過去形 lost（lose の過去形）などと同じで、過去形をあらわす〈st〉なのです。

　では、「〜しなければならなかった」という場合、どう言いあらわしたらよいでしょうか。

☑ I *had to* give up smoking.
（タバコをやめざるをえなかった）

　このように〈**had to**〉を使います。
　〈義務〉や〈必要〉をあらわす "must" は現在時制でしか使えない

ため、〈過去の義務・必要〉をあらわす場合は、〈have to〉に援軍を頼み、過去の意味をもつ〈had to〉を使うようになったのです。

なお、〈have to〉は〔ハフタ〕、〈had to〉は〔ハッタ〕と発音します (学習者の多くがこの発音を身につけていません)。

**O** We *had to* take the stairs to the fifth floor.
（わたしたち5階まで階段を使わざるをえなかった）

冒頭の誤文に見える〈**must have done**〉は、「......であったに違いない」(過去のことに関しての確信をあらわす) で、「わたしたちは5階まで階段を使ったに違いない」(?) という意味になってしまいます。

では、〈未来の義務・必要〉をあらわして、「(ぜひ) 〜しないといけない」と人に勧める場合は、〈**will have to**〉を用います。

☑ Congratulations! We *will have to* celebrate. And we *will have to* catch up before you leave. Just the two of us.
（おめでとう！　お祝いしなくちゃね。それと、あなたが出発する前に久しぶりに会いたいね。二人だけで）
　▶ catch up 「(近況などを) 知る / (久しぶり会ってつもる話を) 聞く」

わたしたちは5階まで階段を使わざるをえなかった。
**O** We *had to* take the stairs to the fifth floor.

Mistake!

# 015. 〈Will you ...?〉の思い込み

〔会議の場で〕
あなたの考えをもう少し具体的に説明してくれませんか。

? *Will* you be more specific about your idea?

　人にものを頼むときには、場面に応じた丁寧さが必要です。互いの立場を理解しない言葉づかいは、居丈高に響くことがあります。場合によっては、相手の気分を損ねてしまうことさえあります。

　たとえば、メモをとろうとしましたが、あいにくペンがありません。まわりの誰かにペンを借りなくてはいけないとき、あなたは隣の人にどのように声をかけますか。

☑ *Will you* lend me a pen?

　これは「ペンを貸していただけますか？」という丁寧な表現ではありません。「ペン、貸して」です。**"Will you ...?" は、相手が拒否しないということを前提にした命令に近い依頼表現です**。兄弟姉妹や仲のよい友だちになら使えます。職場の同僚や知人に頼むときは、

☑ *Can you* lend me a pen?

というのがよいでしょう。**"Can you ...?" は、相手が断る可能性**を認めています。「ペンを貸してくれますか？」に近いニュアンスがあります。先輩や上司に頼むときは、

☑ *Would you* lend me a pen?

015 〈Will you ...?〉の思い込み

がいいでしょう。初対面の人や目上の人に頼むときは、

☑ *Could you* lend me a pen?
☑ *Would you mind if* I borrowed a pen?
☑ *I was wondering if* I might borrow a pen?

などとたずねます。**これらの表現を使えば、丁寧さの度合いはぐっとあがります。**日本語の「ペンをお借りできますでしょうか?」に対応する表現といってよいでしょう。

　では、レストランでウェイターにトイレの場所をたずねてみましょう。

☑ *Will you please* tell me where the restroom is?
　（トイレはどこですか?）

　多くのネイティヴ・スピーカーはこのようにいっています。ウェイター（waiter）は職務上、客に「仕える」（wait）立場にあるので、客は頼みごとをする場合、Will you ...? に "please" をつけた程度の表現を用いるのです。
　というわけで、会議の場で、「......してくれませんか?」と頼む場合は、**Would you ...? / Could you ...?** などの表現を使うのが適切です。

〔会議の場で〕
**あなたの考えをもう少し具体的に説明してくれませんか。**
〇 *Would* you be more specific about your idea?
〇 *Could* you be more specific about your idea?

**Mistake!**

# 016. 〈would rather〉の不思議

**むしろ一緒に来てくれるといいのですが。**

**✗ I'd rather you *come* with me.**

「むしろ〜したい」にあたる表現といえば、**would rather do** です。had rather do という形もありますが、これは古めかしい言い方なので、would rather do を使うほうが一般的です。また、くだけた表現では〈**'d rather**〉とします。

☑ I*'d rather* not talk about it.
  （それについてはむしろ話したくない）

このように助動詞として扱われ、したがって後ろに動詞の原形をしたがえます。ところが、次のような文もあります。

☑ **A:** Can I smoke?
  （タバコを吸ってもいい？）
  **B:** I*'d rather* you didn't.
  （できれば吸わないでいただきたいのですが）

　ここで問題とすべきは、〈'd rather〉が後ろに**仮定法過去の文を**したがえている点です。歴史的に見れば、"will" はもともと「願望」をあらわす本動詞 (wille: 古英語) でした。〈'd rather + SV (＝目的語となる名詞節)〉となるのはその名残りであると考えられます。

　したがって、問題文は、次のようにしなくてはなりません。

○ I'd rather you *came* with me.
　（むしろ一緒に来てくれるといいのですが）

現代英語における〈would rather〉の用法をまとめてみましょう。

■ 〈would rather〉の用法 ■

(1) 後ろに**動詞の原形**をしたがえる。
　　○ would rather *do*
　　✘ would rather *to do*

(2) 後ろに**節**をしたがえる。
　　a. 補文となる節は**仮定法過去**の文である。
　　　○ I'd rather you *came* with me.
　　　✘ I'd rather you *come* with me.
　　　過去の出来事に言及する場合は、〈I wish ...〉を用いて
　　　〈**I wish you hadn't done.**〉とするのがふつうである。
　　b. 補文となる節に "that" をつけない。
　　c. 主節の主語と補文の主語は異なる。

**むしろ一緒に来てくれるといいのですが。**
○ **I'd rather you *came* with me.**

Mistake!

# 017. どのように〈名詞〉を修飾する?

> 明日の会議で話し合われる議題は、先週話し合った
> ものと同じだ。
> ✖ The subject *discussed* at the meeting tomorrow
> is the same one *to be discussed* last week.

　ここでは、名詞を修飾する「to不定詞」と「分詞形容詞」について考えてみましょう。

　「明日の会議で話し合われる議題は、先週話し合ったものと同じだ」を、次のように書いた大学受験生がいました。

✖ The subject *discussed* at the meeting tomorrow is the same one *to be discussed* last week.
　▶ one = subject

　この英文はどこがおかしいのでしょうか。「議題」という名詞を修飾している斜体部に注目してください。

　上の英文は次のように書き換えなければなりません。

○ The subject *to be discussed* the meeting tomorrow is the same one (that was) *discussed* last week.

　ポイントは、「to不定詞のもつ性質」と「過去分詞のもつ性質」の違いにあります。

　**to不定詞** (to do) には本来、「これから〜する」という〈**未来志向**〉があります。たとえば、「これから用事があるんだ」は、次のようになります。

○ I have something *to do*.
✖ I have something *doing*.

　いっぽう、**分詞形容詞**（〜ing：現在分詞 /〜ed：過去分詞）**は**〈**現在志向・過去志向**〉をあらわします。

☑ Look! There's a woman *running* in the rain.
　（見て！　雨のなかを走っている女の人がいるよ）
☑ The problems *discussed* in the meeting were all trivial.
　（その会議で議論された問題はとるに足らないものだった）

　以上のことを頭に入れて、いま一度、問題文を眺めてみましょう。
　「明日の会議で話し合われる議題」は、まだ話し合われていません。したがって、ここは〈未来志向〉の to不定詞 (to be discussed) を使ってあらわさないといけません。
　また、「先週話し合われたものと同じ議題」は、すでに話し合われたものなので、そこは〈過去志向〉を示す他動詞の過去分詞 (discussed) で修飾しなければならないのです。

---

明日の会議で話し合われる議題は、先週話し合った
ものと同じだ。
○ The subject *to be discussed* at the meeting
tomorrow is the same one (that was) *discussed*
last week.

# 018. 〈like〉と〈dislike〉の目的語

言い訳を聞くのは嫌いだ。
**✗ I dislike *to hear* excuses.**

**like** は不定詞 (to do) と動名詞 (〜ing) のどちらも目的語にとることができます。

☑ I like *climbing* mountains.
（登山が好きです）
☑ I like *to listen* to chamber music by Mozart.
（モーツァルトの室内楽を聴くのが好きです）
☑ I don't like *to talk* with him.
（彼と話をするのはごめんだ）

一般に、「〈like 〜ing〉は習慣的なことに、〈like to do〉は特定の、または未来の行為について語る場合に用いられる」とされていますが、**アメリカ英語では両者は区別なく用いられています。**

また、願望を語るにふさわしい would like to do（できれば〜したいと思う）を would like 〜ing（×）とすることはありません。

「彼と話がしたい」は、

**O** I'd like *to talk* with him.

であって、

**✗** I'd like *talking* with him.

とすることはないのです。

　しかし、**dislike**（嫌いである）は〈**dislike ～ing**〉としかできません。

☑ She dislikes *being interviewed.*
　　（彼女はインタヴューを受けるのが嫌いだ）

　したがって、「言い訳を聞くのは嫌いだ」は、

〇 I dislike *hearing* excuses.

　であって、

✕ I dislike *to hear* excuses.

とすることはできません。なぜでしょうか。

　あることが「嫌いだ」というのは、これまでの経験から嫌いになったのです。つまり、「（経験上）～するのが嫌いだ」が "dislike" の意味なのです。経験をつうじて嫌いになった行為を「これからおこなう」(to do) とは考えにくいため、動名詞（～ing）のみを目的語にとるようになったのです。

言い訳を聞くのは嫌いだ。
〇 **I dislike *hearing* excuses.**

**Mistake!**

# 019. 〈in order to〉と〈so as to〉の違い

**何かを得るためには、何かを与えなければならない。**
**✗ *So as to* get something, you have to give something.**

---

**to不定詞** (to do) が〈**目的**〉をあらわすことをはっきりと示すために、**in order to do**（〜するために）という表現を用いることを本書の読者であるみなさんはすでにご存じでしょう。

☑ Make sure to get at least six hours of sleep every day *in order to* stay healthy.
（健康を維持するには毎日、最低6時間の睡眠をとることを心がけましょう）

**so as to do**（〜するために）も同じような使い方ができます。

☑ She changed her hairstyle *so as to* get more attention.
（彼女は、より目立つように髪型を変えた）

また、動作や変化ではなく、**状態をあらわす動詞**（have / like / know / understand など）を後続させる場合は〈to do〉を使わず、〈in order to do〉や〈so as to do〉を用いる傾向があります。

☑ I watched him *in order to know* more about him.
（私は、彼のことをもっとよく知ろうと彼をじっと見た）
☑ I needed to talk to her *so as not to misunderstand* each other.
（お互いを誤解しないように、彼女と話す必要があった）

では、〈in order to〉と〈so as to〉の違いは何でしょうか。

☑ I moved to a new apartment *so as to* be nearer to my work.
（職場に近くなるように新しいアパートに引っ越した）

　この英文は「新しいアパートに引っ越した。その結果、職場に近くなった」という意味を伝えています。つまり、〈in order to〉が明確に〈目的〉のみをあらわすのに対し、〈so as to〉は〈結果〉のほうにも軸足を置いているのです。

✘ *So as to* get something, you have to give something.

　〈so as to〉を文頭に置いたこの英文を、ネイティヴ・スピーカーが誤りだというのは、〈so as to〉が「結果として……になるように」というニュアンスがあるためです。前に置いた述語動詞のあとで用いるのが、so as to（その結果……になる）の用法なのです。英語の母語話者には〈so as to〉を文頭に置くという発想がそもそもないのです。
　つまり、〈目的〉をあらわす〈in order to〉が文頭でも文中でも使えるのに対し、〈結果〉をあらわす〈so as to〉は文中のみに用い、文頭には置かないのです。

何かを得るためには、何かを与えなければならない。

○ *In order to* get something, you have to give something.

**Mistake!**

# 020. 同格の〈of〉と〈to do〉

> **ネコには暗闇でものを見る能力がある。**
> ✖ Cats have the ability *of seeing* in the dark.

　**同格的な接続** (......という〜) をあらわすものとして、もっともよく知られているのは接続詞の "**that**" でしょう。

☑ He couldn't accept <u>the fact</u> *that* he had lost.
　（彼は自分が負けたという事実を受け入れられなかった）

　fact（事実）/ news（知らせ）/ idea（考え）/ remark（発言）/ feeling（気持ち）などの名詞の後ろにその内容を示す that 節が続きます。
　いっぽう、前置詞で同格をあらわすのは "**of**" で、これもよく知られています。

☑ <u>The custom</u> *of* shaking hands when you first meet someone is becoming popular worldwide.
　（初対面のときに握手をする習慣は、世界中に広まっている）

　custom（慣習）/ problem（問題）/ plan（計画）/ pleasure（喜び）などの名詞に後続させてその内容を説明します。
　しかしながら、見落とされがちなのが、**to不定詞が前の名詞と同格になる用法**です。

☑ Andy has <u>a tendency</u> *to let* his emotions show on his face.
　（アンディは気持ちが顔にでる傾向がある）

tendency（傾向）/ desire（願望）/ decision（決心）/ failure（怠ること）のように、**動詞にしたときにto不定詞を後続させるような名詞**は〈to do〉で結んでいくのです（たとえば tend to do など）。

☑ The prisoners requested <u>the right</u> *to express* their opinions.
（捕虜たちは自分の意見を述べる権利を要求した）

right（権利）/ time（時間）/ ability（能力）などのように、「**......するのに必要な〜**」**といった関係を含む場合**も to不定詞で同格的な接続をします。
　さて、「ネコは暗闇のなかでものを見ることができる」は、次のように言いあらわすことができます。

☑ Cats are <u>able</u> *to see* in the dark.

　形容詞 "able" は後ろに "to do" を導きます。そして、その名詞形 ability（能力）もまた後ろに "to do" を導くのです。

○ Cats have <u>the ability</u> *to see* in the dark.

　以上、見てきたように、**後続のかたちに迷ったら、まず「品詞変換」をしてみましょう**。品詞変換すれば、多くの場合、正しい用法と結びつきます。

---

**ネコには暗闇でものを見る能力がある。**
○ **Cats have the ability *to see* in the dark.**

**Mistake!**
# 021. 〈It is 形容詞＋to do.〉で用いられる形容詞

**あなたと一緒にいられて幸せです。**
**✗ It is happy to be with you.**

　主語の位置に "it" を形式的に置き、真の主語である不定詞句を述部の後ろにまわすことがあります。

　この構文は比較的に早い時期に学ぶため、多くの学習者がこの形式を習得しているようです。

☑ It's difficult for me *to understand* naturally spoken English.
　（自然な英語を聞き取るのは難しく感じられます）

☑ It is dangerous *to eat* this food because it contains carcinogenic additives.
　（この食べ物は発がん性の添加物が入っているので危険だ）

　しかしながら、**この構文を使った誤文もまたよく目にします。**

　ここでは〈**It is 形容詞＋to do.**〉で用いられる形容詞について考察してみましょう。学習者のなかには、次のようにやってしまう人がいます。

✗ It is *happy* to be with you.
✗ It is *glad* to hear the news.
✗ It is *heavy* to carry this bag around.
✗ It is *beautiful* to look at snow, but shovelling snow is such a bother.

　どこがおかしいのでしょうか。

　〈It is 形容詞＋ to do.〉の構文で用いられる形容詞は、easy（たやすい）/ difficult（難しい）/ dangerous（危険な）/ interesting（興味深い）/ exciting（わくわくする）/ boring（退屈な）/ embarrassing（恥ずかしい）/ useful（便利な）などの「**コトの評価**」（to do が示す行為や状況に対する話し手の判断や感情的反応）をあらわす形容詞に限られます。そのため、"happy" や "glad" のような「**人の感情**」をあらわす形容詞や、"heavy" や "beautiful" のような「**人やモノの性質や状態**」をあらわす形容詞は使えないのです。

　したがって、上の "✖" をつけた4つの英文はそれぞれ以下のようにしなくてはなりません。

- **O** *I'm happy* to be with you.
  （あなたと一緒にいられて幸せです）
- **O** *I'm glad* to hear the news.
  （その知らせを聞いてうれしく思います）
- **O** *This bag is heavy* to carry around.
  （このバッグを持ち歩くには重い）
- **O** *Snow is beautiful* to look at, but shovelling snow is such a bother.
  （雪は見た目は美しいが、雪かきはたいへんだ）

**あなたと一緒にいられて幸せです。**
**O *I'm happy* to be with you.**

Mistake!

# 022. 〈It is sad to do.〉は可能か?

**ジョンの死を想うとじつに悲しい。**

✗ **It is very sad *thinking* of John's death.**

　前項で、以下のような文は成立しないという話をしました。

✗ It is *happy* to do.
✗ It is *glad* to do.

　"happy" や "glad" には、人の感情をあらわす用法はあっても、コトを「評価」する用法はないため、*It is happy* to do.（×）や *It is glad* to do.（×）とはできないのです。

　では、happy / glad の対義語である **"sad"** という形容詞はどうでしょうか。もちろん、人を主語にして、

☑ *I felt sad* to leave Liverpool.
　（リヴァプールを去るのは悲しかった）
☑ *Paul was sad* about John's sudden death.
　（ポールはジョンの突然の死を悲しんだ）

とすることはできます。
　では、**It is sad to do.** とはできないのでしょうか。

☑ *It is sad* to see people suffering from war.
　（人々が戦争で苦しむのを見るのはつらい）
☑ *It was sad* to hear the news that John was shot to death.
　（ジョンが射殺されたという知らせを聞くのは悲しいことだった）

　これらは正しい英文です。そればかりか、**It is sad that ...**（......
は悲しむべきことだ）もありえます。

☑ *It was sad that* he was shot to death.
　（ジョンが射殺されたのは悲しい出来事だった）

　つまり、sad は「(事柄が) 悲しむべきもので」という意味もまた
持ち合わせているのです。

sad ⎰ ① 「(人が) 悲しい」
　　⎱ ② 「(コトが) 悲しむべき」

　では、「ジョンの死を想うとじつに悲しい」を次のようにするこ
とはできないのでしょうか。

✘ It is very sad *thinking* of John's death.

　できないのです。〈**It is 形容詞＋〜ing.**〉は、

☑ It was nice *talking* to you.
　（お話できて楽しかったです）
　　▶ 会話が終わったあとの、別れ際のあいさつ表現。

に見えるように、**慣用的かつ例外的な特殊構文**なのです。

---

**ジョンの死を想うとじつに悲しい。**
○ **It is very sad *to think* of John's death.**

Mistake!

# 023. 〈現在分詞〉か〈過去分詞〉か？

**〔メールで〕**
**来週、あなたとお会いできることにワクワクしています。**
✗ I'm really *exciting* seeing you next week.

　英語では、感情は「外からのはたらきによって起きる」と考えられています。また、**感情に影響を及ぼす動詞はほとんどが他動詞**（目的語に直接はたらきかける動詞）です。

　あるサッカー選手が、オーストラリアのクラブチームへの移籍が決まったとき、"I'm exciting." と心境を語ったそうですが、"excite" は「興奮する」という自動詞ではなく、「興奮させる」という他動詞なので、excited（興奮して）という過去分詞を用いて、次のように言うべきでした。

☑ I'm *excited*.
　（ワクワクしています）

以下で、"excited" と "exciting" の違いを確認してください。

☑ I was really *excited* watching that game.
　（その試合を見てほんとうにワクワクした）
☑ That game was really *exciting*.
　（その試合はほんとうにワクワクした）

　このような例文を見せると、人を主語にしている場合は過去分詞、モノやコトを主語している場合は現在分詞と覚えてしまう学習者が

いますが、それはいけません。

(1) He is *disgusted* with her.
　　（彼は彼女に愛想をつかせている）
(2) He is *disgusting*.
　　（彼にはむかつく）

　"disgusted" は「（人が）ムカムカして」、"disgusting" は「（人を）ムカムカさせるもので」になります。(2) の文に見えるように、**人を主語にしても現在分詞を使うことがあるのです**（したがって、くだんのサッカー選手の "I'm exciting." は「僕って刺激的なやつだよね」という意味になります）。

● 過去分詞形（〜ed）　☞「（人が）〜して」
● 現在分詞形（〜ing）　☞「（人を）〜させるもので」

　感情をあらわす分詞形容詞の場合、やはりこのように覚えないといけません。

☑ She is *bored* with her life.
　　（彼女は人生に退屈している）
☑ She is *boring*.
　　（彼女は退屈な人間だ）

〔メールで〕
来週、あなたとお会いできることにワクワクしています。
○ I'm really *excited* seeing you next week.

Mistake!

# 024. 〈much〉で強められない比較級

> **クレアは私よりもずっと多くのダイヤの指輪を持っている。**
> ✖ Claire has *much* more diamond rings than me.

比較されている2者のあいだの差が大きいことをあらわす場合、比較級の前に much / way / far / still / even / a lot / lots などを置いて強調します。

☑ Her performance was *much* better than mine.
（彼女の演技は私のよりずっと上手だった）

では、以下の問題を解いてみましょう。

**Q**：誤った英語表現を含んだ部分がある場合には A 〜 D 中の 1 つを、誤りがない場合には E を選びなさい。

There were <u>much more people</u> than <u>I had expected</u>
          A                    B
<u>standing</u> <u>in a long line</u> around the theater to buy an
   C            D
advance ticket.  <u>NO ERROR</u>.        （早稲田大）
                    E

みなさんは何を解答として選びましたか。
ちなみに英文の意味は「予想よりもはるかに多くの人が、前売り券を買うために劇場の周りに長い列をつくって立っていた」です。

じっさい、受験生に解いてもらうと、E を選ぶ生徒が大半を占めますが、正解は A になります。

A の "much" が誤りで、**"many"** に替えて、〈many more people〉としなければなりません。〈many more people〉の "more" は many（多くの）の比較級として、また "many" は more（形容詞）を強める副詞として機能しています。つまり、**名詞が可算名詞の場合、"many" で「数の差」が大きいことを強調する**のです。

O Claire has *many* more diamond rings than me.

**比較級の前に置かれた数は、2 者の "差" をあらわしています。**この "many" を仮りに "five" にしてみれば、「数の差」を強調していることがおわかりになるでしょう。

☑ Claire has *five* more diamond rings than me.
（クレアは私よりも 5 つも多くダイヤの指輪を持っている）

量の多さをくらべる場合は、〈**much more ＋不可算名詞**〉となります。

☑ It took *much* more time to write the paper than I had expected.
（その論文を書くには、想像したよりはるかに時間がかかった）

---

**クレアは私よりもずっと多くのダイヤの指輪を持っている。**

O Claire has *many* more diamond rings than me.

# 025. 〈than の後ろ〉は主格?

**彼女は僕より背が高い。**
**? She is taller than *I* (*am*).**

　以前、『東京新聞』および『中日新聞』で「英語の質問箱」という
コーナーを連載していたのですが (2008年から2013年まで)、よくあ
る質問のひとつに比較対象の「格」に関するものがありました。

　中学生の娘さんをもつある父親は、子どもが "She is taller than
*me.*" と書いたら×にされたと憤慨しておりました。また、中学生
の息子をもつある母親 (この方は留学体験あり) も同じ理由で、「(先
生が) 現状を知らなさすぎる」と嘆いておられました。

　伝統的な文法にのっとって考えてみますと、〈She is tall.〉と〈I
am tall.〉という英文が比較されているわけですから、接続詞
"than" の後ろは主格が適切です。厳格な文法学者はこのことを主
張します。

　しかし現在、ネイティヴ・スピーカーは次のようにいっています。

○ She is taller than <u>me</u>.
　　(彼女は私より背が高い)

なぜでしょうか。

　文が主格 (I) で終わるのを避けたいという意識がはたらいている
のです。そこで、"than" に前置詞の役割を負わせて、後ろを目的
格 (me) にしているのです。これは〈**as ～ as**〉を使った比較構文
でも同じです。

☑ She is as tall as *me*.
（彼女は私と同じ背丈だ）

〈than me〉や〈as me〉とできるのは、伝える意味に誤解が生じないからでしょう。

どのコーパス（言語データベース）を見ても、口語においては、ネイティヴ・スピーカーのほぼ100パーセントが目的格を使っています。この事実を現場の先生は知る必要があります。

では、次の2文はどうでしょう。

☑ You love Emma more than *I do*.
（僕よりもきみのほうがエマを愛しているんだね）

〈than I do〉は〈than I love her〉のことです。これを〈than me〉とすることはできません。〈than me〉とすると次のような意味になってしまいます。

☑ You love Emma more than *me*.
（あなたは私よりもずっとエマのほうを愛しているのね）

この〈than me〉は〈than you love me〉のことですから、〈than me〉としかできません。

以上、見てきたように、**伝える意味に誤解を生じない範囲において、"than" や "as" の後ろの形が決定される**のです

**彼女は僕より背が高い。**
○ **She is taller than *me*.**

**Mistake!**

# 026. 最上級に〈the〉をつけない場合

**魚は生で食べるのがいちばんだ。**
**✗ It's *the best* to eat the fish raw.**

　学校では「最上級の形容詞には "the" がつく」と教わります。しかし、正確には〈**形容詞の最上級＋名詞**〉に **"the"** がついているというべきです。なぜなら、"the" は名詞につくものだからです。

☑ This lake is *the deepest* in Japan.
　（この湖は日本でいちばん深い）

　この場合は、〈This lake is the deepest (lake / one) in Japan.〉と考えることができるので "the" がつきます。

☑ This lake is *deepest* at this point.
　（この湖はここがいちばん深い）

　ここでは "deepest" の後ろに名詞が省略されているわけではないので、"the" をつけません。

○ It's *best* to eat the fish raw.
　（魚は生で食べるのがいちばんだ）

　"best" の後ろに名詞があるわけではないので、ここでも "the" をつけません。
　以上、見てきたように、**名詞のつかない形容詞としての補語用法では、"the" をつけないのがふつうです。**

しかし、これが**副詞用法**になると、ネイティヴ・スピーカーは "the" をつけてしまいます。

☑ Which movie did you enjoy (*the*) *most*?
（どの映画がもっともおもしろかったですか？）

副詞の最上級には、後ろに名詞がないわけですから "the" がつかないはずですが、ネイティヴ・スピーカーの多くは "the" をつけてしまいます。というか、口語では "the" をつける人のほうが多いとの報告もあります。「最上級であることを際立たせるために」という理由だけで "the" をつけてしまうのです。

☑ Which flavor do you like (*the*) *best*, vanilla, chocolate or strawberry?
（ヴァニラ、チョコレート、ストロベリーのなかで、いちばん好きな味はどれ？）

ここでもやはり多くの英語母語話者は、「最上級だから」という理由で〈the best〉を容認します。

魚は生で食べるのがいちばんだ。
○ It's *best* to eat the fish raw.

Mistake!

# 027. 〈not〉と〈no〉の差異

彼は政治家とはいえない。
✗ **He is *not* a politician.**

☑ He isn't a politician.

　この文は「彼は政治家ではない」ですが、その意味するところは「彼は政治家以外の職業に就いている」ということです。
　いっぽう、〈**no＋名詞**〉はたんなる否定ではなく、**後ろの語を強く打ち消して、反対の意味を強調**します。つまり、「〈名詞〉の要素がゼロ /〈名詞〉の属性がまったくない」ということをあらわします。

☑ He is *no* politician.

　この文の意味するところは、「(彼はいちおう政治家であるが) 政治家といえるような人物ではない」、つまり「あんなやつは政治家なんかじゃない」ということです。**話し手の感情をともなうのがこの用法の特徴**です。

☑ She isn't a friend of mine.

　これは「彼女は友だちではない」という事実を述べているにすぎませんが、

☑ She is *no* friend of mine.

となると、「(あんな態度をとるなんて) 彼女はもう友だちでもなんでもない」といった意味になるのです。
　いくつか例をだしてみましょう。

☑ He is *no* father of mine.

　これは「彼は (血縁上は父親だが) 父親と呼べるような人ではない」というような意味をもちます。父親としてふさわしい要素がまったくないということを含意しています。

☑ He is *no* lawyer.

　ここには「彼は (弁護士の看板をだしてはいるが) 弁護士の風上にもおけないやつだ」というような発話者の認識があります。

☑ This is *no* joke.

　「これはジョークなんかじゃない。本気でいっているんだ」という意味です。

☑ It's *no* surprise that they're upset.

　"surprise" の要素はゼロということですから、「彼らが動揺しているのももっともだ」という意味です。

彼は政治家とはいえない。
○ He is *no* a politician.

Mistake!

# 028. 〈who〉の謎

**パーティには誰が来るの？**
✗ Who *are* coming to the party?

　友人がパーティを開くというので、あなたはその手伝いに行くことになりました。あなたは英語で「パーティには誰が来るの?」とたずねます。

✗ Who *are* coming to the party tonight?

　この英文のどこが誤りなのでしょうか。
　"who" の後ろの "are" が間違っています。
　次の英文をごらんください。

☑ Who *are* these people?
　（この人たちは誰ですか?）

　この文では、"who" の後ろに "are" が置かれていますが、正しい文です。意味は「誰がこの人たちですか?」ではありません。つまり、この文の場合、"They (= these people) are ..." と答えることを想定してみれば、"who" は主語 (S) ではなく、補語 (C) として機能していることがわかります。
　**疑問詞 "who" が主語になるときは単数名詞として扱わなくてはならないのです。**したがって、正解は次のようになります。

○ Who*'s* coming to the party?
　（今夜のパーティには誰が来るの?）

　パーティですから、おそらく複数の人がやって来ると思われます。返答としては、

☑ Most of my friends *are* coming.
　（友だちのほとんどが来る予定よ）
☑ John, Paul and George.
　（ジョン、ポール、それからジョージ）

などが想定されますが、質問の場合はどういうわけか、
　Who's ...? / Who is ...?
としなくてはいけません。どうしてでしょうか。
　ここで返答となる名詞についてもう一度考えてみましょう。

☑ **A:** Who's coming to the party?
　　（パーティには誰が来るの？）
　**B:** Ken's family.
　　（ケンの家族よ）

　このように答えることもありえます。
　どうやらこの謎を解くカギは**集合名詞**にありそうです。
　このほか My class. (私のクラスの人たち) / The club. (クラブのメンバーたち) などと答えることも可能です。すなわち、疑問詞 "who" は、**単数形の普通名詞だけでなく、複数の集合体である集合名詞をも想定して単数扱いされている**のだと考えられます。

**パーティには誰が来るの？**
**○ Who's coming to the party?**

**Mistake!**

# 029. とまどう〈否定疑問〉

> （ "Don't you remember?"と問われて）
> いいえ、覚えています。
> ✖ *No*, I do.

☑ Do you remember?
　（覚えていますか？）

とたずねたら、初学者でも、

☑ Yes, I do.
　（ええ、覚えています）
☑ No, I don't.
　（いいえ、覚えていません）

と答えることができます。ところが、次のように聞かれると、とたんに言葉に窮してしまいます。

☑ *Don't* you remember?
　（覚えていないの？）

　日本語に変換して考えるため、

✖ *Yes*, I don't.
✖ *No*, I do.

としてしまいがちです。

Aren't you ...? / Don't you ...? / Didn't you ...? などのように否定語を文頭に置いた英文を**否定疑問文**といいますが、英語を学び始めたばかりの人は否定疑問文の応答のしかたに混乱が見られます。

☑ **A:** Don't you remember?
（覚えていないの？）
**B:** *Yes*, I do.
（<u>いいえ</u>、覚えています）

☑ **A:** Don't you remember?
（覚えていないの？）
**B:** *No*, I don't.
（<u>はい</u>、覚えていません）

英語では、**質問の肯定・否定にかかわらず、返答内容が肯定なら "Yes" を、否定なら "No" を用います。**つまり、「覚えている」のなら、否定疑問文で聞かれても "Yes" になり、「知らない」のなら "No" になるのです。"Do you ...?" で聞かれようと、"Don't you ...?" とたずねられようと同じなのです。極端な話、**否定疑問の部分は聞き取れなくてもいっこうにかまわないのです。**

要するに、述語動詞を肯定するのであれば "Yes" になり、否定するのであれば "No" になると覚えておけばよいのです。気をつけなくてはならないのは、日本語に変換して考えないことです。

（**"Don't you remember?"と問われて**）
**いいえ、覚えています。**
○ **Yes, I do.**

# 030. 〈some〉と〈any〉の疑問文

**コーヒーはいかがですか?**
✖ Would you like *any* coffee?

「some は肯定文で用いる。否定文や疑問文では用いない」ということを中学生のころに習った人が多いようですが、**"some" が疑問文で用いられる**ことはよくあります。

(1) 勧誘や依頼をする場合

☑ Would you like *some* tea?
　（お茶はいかがですか?）
☑ Won't you have *some* more beer?
　（もうちょっとビールはどうだい?）
☑ Can I have *some* more wine?
　（もう少しワインをもらえる?）

　このように**物を勧めたり、頼みごとをする場合**は、疑問文であっても "some" を用います。

(2) Yes の答えを期待している場合

☑ Did you spend *some* time with your dad over the weekend?
　（週末はパパと一緒の時間を過ごしたかな?）

　このように**相手に "Yes" の答えを期待したり推測する場合**も "some" を使います。この場合、発言者にはあらかじめ「パパと一緒の時間を過ごした」という臆測があり、相手に "Yes" という返答

を期待していると考えられます。

(a) **A:** Do you want *some* coffee? （コーヒー飲む?）
    **B:** Oh, <u>is there *some* left</u>? （え、コーヒー残っているの?）

(b) **A:** You look tired. （疲れているようね）
    **B:** I am. <u>Is there *any* coffee left</u>? （そうなんだ。コーヒー残
    　　　　　　　　　　　　　　　　　　　っていないかな?）

　下線部の違いがわかりますか。

　(a) はコーヒーがまだ残っていることを期待している気持ちがあ
るのに対し、(b) はたんにコーヒーが残っているかどうかをたしか
めるために聞いているのです。つまり、**相手に肯定的な答えを期待
する場合は、疑問文であっても "some" を用いる**のです。

　というわけで、(1)でふれたように、「コーヒーはいかがですか?」
は、

**O** Would you like *some* coffee?

となります。短く、上げ調子で、

**O** *Some* coffee? ↗

とだけいうこともあります。

---

**コーヒーはいかがですか?**
**O Would you like *some* coffee?**
**O *Some* coffee?**

Mistake!

# 031. 「現在の愛知県」をどう言いあらわす?

**徳川家康は現在の愛知県で生まれた。**
✘ Tokugawa Ieyasu was born in *Aichi Prefecture*.

　歴史に関する本を読んでいると、「徳川家康は現在の愛知県で生まれた」という記述に出くわします。これを大学生たちに英訳してもらうと、多くは、

**?** Tokugawa Ieyasu was born in *Aichi Prefecture*.

のように表現します。
　これだと、あたかも家康が生まれた時代に愛知県が存在していたかのような印象を与えてしまいます。
　こうした場合、英語母語話者は次のように書き記します。

**○** Tokugawa Ieyasu was born in *what is now* Aichi Prefecture.
　（徳川家康は現在の愛知県で生まれた）

　このように関係代名詞 "what" を用いて、**what is now A**（現在 A であるところのもの）と言いあらわすのです。**what is now called ...**（現在......と呼ばれているところのもの）を使うこともできます。

**○** Tokugawa Ieyasu was born in *what is now called Aichi Prefecture*.
　（徳川家康は現在愛知県と呼ばれているところで生まれた）

　では、「現在の愛知県」の箇所を「当時の三河国 (みかわのくに)」に代えて

みましょう。

☑ Tokugawa Ieyasu was born in *what was then* Mikawa Province.
（徳川家康は当時の三河国で生まれた）

what is now A（現在、存在しているところのA）を **what was then A**（当時、存在していたところのA）にすれば、「三河国」が過去に存在し、現在は存在していないことを伝えることができます（"now" も "then" も副詞です）。

☑ Tokugawa Ieyasu was born in *what was then* called Mikawa Province.
（徳川家康は当時三河国と呼ばれていたところで生まれた）

このように言いあらわすこともできます。

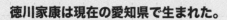

**徳川家康は現在の愛知県で生まれた。**

O Tokugawa Ieyasu was born in *what is now* Aichi Prefecture.

O Tokugawa Ieyasu was born in *what is now* *called* Aichi Prefecture.

Mistake!

# 032. 〈as is often the case with A〉という冗漫

> よくあることだが、彼はきょうも自宅にスマホを忘れてきた。
> **?** *As is often the case with him*, he left his smartphone at home today.

多くの学習参考書には、主節の一部や全体を先行詞とする関係代名詞（as）を使った慣用表現として、as is often the case with A（Aにはよくあることであるが）を挙げています。おそらく大学受験者でこの表現を見たことがない人はまずいないでしょう。

そこで、「よくあることだが、きょうも自宅にスマホを忘れてきた」を英訳してもらうと、次のように書きます。

**?** As is often the case with him, he left his smartphone at home today.

しかし、英語母語話者は wordy（冗漫な）ために「日常会話ではまず使うことはない」といいます。少なくとも彼らが慣れ親しんでいるイディオムではありません。

こんな思い出があります。大学受験のための模擬試験問題を作成しているとき、あるひとりのメンバー（日本人）が "as is often the case with A" を問題の候補として挙げたのです。すると、そこにいた2人のネイティヴ・スピーカーがほぼ同時に「やめましょう」といったのです。Nobody uses it.（誰も使わないよ）がその理由でした。

では、「Aにはよくあることであるが」を英語母語話者はどんな表現で言いあらわしているのでしょうか。

○ *As usual*, he left his phone at home today.
　（よくあることだが、きょうも自宅にスマホを忘れてきた）
　　▶ 英語では「スマホ」をたんに "phone" というのがふつうです。

　英語母語話者は、**as usual**（いつものように/例のごとく）という
表現を好んで用います。短くて簡便な言い方をするのが現代英語の
特徴です。
　"as usual" を使った用例をごらんください。

☑ *As usual*, he drank a beer before dinner.
　（例によって彼は夕食前にビールを飲んだ）
☑ She left home, *as usual*, at 7 o'clock.
　（彼女は家を出た。ふだんどおり7時ね）
☑ I went to the library, *as usual*.
　（ぼくは図書館へ行った。いつものようにね）

　このように、文頭、文中、文尾、どこにでも置くことができます。
また、**as S often does**（S がよくするように）という表現を用いる
こともあります。

○ *As he often does*, he left his phone at home today.

---

**よくあることだが、彼はきょうも自宅にスマホを忘
れてきた。**
○ *As usual*, he left his phone at home today.
○ *As he often does*, he left his phone at home
today.

**Mistake!**

# 033. 〈during〉の不可解

> **ロンドン滞在中に昔のガールフレンドに会った。**
> ✗ I met an ex-girlfriend during *staying* in London.

多くの前置詞は、その後ろに名詞（＝目的格）や動名詞（〜ing）を置くことができます（以下の下線部）。

☑ *In* the afternoon, I usually have a little nap.
（私はたいてい午後には少し昼寝をする）

☑ *In* trying to protect the children, she lost her life.
（子どもたちを守ろうとして、彼女はみずからの命を落とした）

しかし、**前置詞 "during" は名詞を後ろに置くことができても、動名詞をしたがえることができません。**

O I met an ex-girlfriend *during* my stay in London.
（ロンドン滞在中に昔のガールフレンドに会った）

✗ I met an ex-girlfriend *during* staying in London.

どうしてでしょう。

この謎を解くカギは "during" の生い立ちにあります。

"during" は、ラテン語の「続く」をあらわす durare（＝ to last）の派生形である durant（古フランス語）を経て、dure（続く）として英語に入りました。その後、"dure" は消えてしまいましたが、endure（存続する）、durable（耐久性のある）、duration（継続期間）としていまもその名残りをとどめています。

"during" もそのひとつで、現在は前置詞となって活躍していま

す。

　"during" は見てのとおり、〈dure（続く）+ ing（こと）〉となっています。つまり、"during" の語尾に "ing" がついているため、別の "ing" がついた単語を後続させることができなかったというわけです。

✘ [dur]ing + 〜ing

　問題文は、次のようにいうこともできます。

⭘ I met an ex-girlfriend *while* <u>staying</u> in London.

　この "while" は接続詞でしょうか、それとも前置詞でしょうか。もちろん接続詞です。"while" に前置詞用法はありません。
　では、なぜ〈**while + 〜ing**〉となっているのでしょうか。

☑ I met an ex-girlfriend *while* (I was) *staying* in London.

　**接続詞が導いている節の主語が、主節の主語と同じで、しかも動詞が be 動詞の場合、〈主語 + be 動詞〉はセットで省略されること**があるのです。この場合、主語だけ、あるいは be 動詞だけが省略されるということはありません。

---

**ロンドン滞在中に昔のガールフレンドに会った。**
⭘ **I met an ex-girlfriend during *my stay* in London.**
⭘ **I met an ex-girlfriend *while* staying in London.**

Mistake!

# 034. 付帯状況〈with〉の誤用

**彼は目を閉ざしてモーツァルトを聴いていた。**
✘ He listened to Mozart with *closing* his eyes.

　**付帯状況の "with"** は、主節であらわしていることと同時に起こっている事柄を補足的に説明するときに用いられます。ところが、その使い方において、似かよった誤用が散見されます。

✘ He listened to Mozart *with closing* his eyes.

　このように "with" の後ろに分詞（〜ing / 〜ed）を続けてしまうのです。

○ He listened to Mozart *with* his eyes *closed*.
　（彼は目を閉ざしてモーツァルトを聴いていた）

　次のようなミスもあります。

✘ How can I feel relaxed *with your watching* me like that?

　「your を動名詞の意味上の主語と考えました」というのが学習者の言いぶんですが、付帯状況におけるネクサス構造（次ページ参照）の主語として名詞や代名詞の所有格形を置くことはできないのです。

○ How can I feel relaxed *with you watching* me like that?
　（そんなにふうに見つめられたらリラックスできないよ）

　付帯状況の構文では、〈**with**＋**A**（名詞・代名詞の目的格）＋**B**（分詞）〉が基本形であり、「**A** が **B** の状態で」という意味をあらわします。**A** と **B** は「主語−述語」の関係にあり、これを文法用語でネクサス（nexus）と呼んでいます。

　また、分詞の代わりに形容詞・副詞・前置詞句が使われることもあります。

☑ You shouldn't talk *with your mouth full*.
　　（口に食べ物を入れてしゃべってはいけない）
　　▶ full: 形容詞

☑ He fell asleep *with the TV on*.
　　（彼はテレビをつけたまま寝入ってしまった）
　　▶ on: 副詞

☑ She apologized *with tears in her eyes*.
　　（彼女は目に涙を浮かべて謝罪した）
　　▶ in her eyes: 前置詞句

つまり、"with" を使った付帯状況の構文は、

**with**＋**A**（名詞・代名詞の目的格）＋**B**（分詞・形容詞・副詞・前置詞句）

という形式をとるのです。

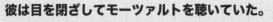

**彼は目を閉ざしてモーツァルトを聴いていた。**
**○ He listened to Mozart with his eyes *closed*.**

Mistake!

# 035. 〈on〉の本質的理解

**ほら、テーブルクロスのしみを見て。**
✗ See. Look at the stain *of* the tablecloth.

　前置詞 **"on"** を「……の上に」とだけ覚えていると、その中核的意味を見失ってしまいます。

　**"on"** の基本イメージは〈接触〉です。**接触するのは、上面、側面、底面を問いません。**「テーブルのリンゴ」は the apples *on* the table（テーブルに接触しているリンゴ）、「天井のトンボ」は a dragonfly *on* the ceiling（天井に接触しているトンボ）、「壁の絵」は a picture *on* the wall（壁に接触している絵）、「ビンのラベル」は a label *on* the bottle（ビンに接触しているラベル）です。

○ See. Look at the stain *on* the tablecloth.
　（ほら、テーブルクロスのしみを見て）

　したがって、「テーブルクロスのしみ」は the stain *on* the table-cloth（テーブルクロスに付着しているしみ）としなければなりません。

　**"on"** は物理的な接触にとどまりません。

☑ I'll see you *on* Monday.
　（月曜にお会いしましょう）

　曜日のほか、**特定の日・朝・昼・晩にも**〈接触〉します。*on* May 5th（5月5日に）、*on* the morning of the game（試合の日の朝に）、*on* a cold night in February（2月のある寒い夜に）などのように用います。

さらに、"on" はさまざまな対象に熱意をもって〈接触〉しようとします。

☑ Cindy is big *on* figure skating.
（シンディはフィギィアスケートに夢中だ）
　▶ be big on A 「A に夢中だ / A が大好きだ」
☑ He made a speech *on* what politics in China should be like.
（彼は中国の政治のあるべき姿に関する講演をした）

このように、**対象への意識の〈接触〉**をもうながします。また、**組織や役割への〈接触〉**も意味します。

☑ She's *on* the staff.
（彼女はスタッフの一員です）
☑ *On* piano, Keith Jarrett.
（ピアノは、キース・ジャレットです）

ある行為が別の行為に時間的に重なり合うこともあります。そうしたほぼ同時に起こった2つの行為は**時間的な〈接触〉**とみなすことができます。

☑ *On* hearing the news, she turned pale.
（その知らせを聞くと、彼女は青ざめた）

**on 〜ing** が「〜するとすぐに」の意味になるのはそのためです。

---

**ほら、テーブルクロスのしみを見て。**
○ See. Look at the stain *on* the tablecloth.

## チェックリスト

各ユニットの問題文を英語で正しく言えるか確認してみましょう。

- ❏ 001 あごに卵がついているよ。
- ❏ 002 彼は長髪だ。
- ❏ 003 彼女は国際ビジネスの仕組みについての基本的な知識をもっている。
- ❏ 004 おめでとう！
- ❏ 005 空腹のときは何でもおいしい。
- ❏ 006 パンダはまもなく絶滅するだろう。
- ❏ 007 〔留守録の待ち受けメッセージ〕伝言を残してください。
- ❏ 008 〔カフェで注文したものが運ばれてきた際に〕私はコーヒー。
- ❏ 009 彼女は僕にとって先生のような存在です。
- ❏ 010 うちのおばあちゃんは歯がないんだよ。
- ❏ 011 彼はきっと浮気をしている。
- ❏ 012 コーヒーを入れようか？
- ❏ 013 ちょっと休憩しようよ。
- ❏ 014 わたしたちまで階段を使わざるをえなかった。
- ❏ 015 〔会議の場で〕あなたの考えをもう少し具体的に説明してくれませんか。
- ❏ 016 むしろ一緒に来てくれるといいのですが。
- ❏ 017 明日の会議で話し合われる議題は、先週話し合ったものと同じだ。
- ❏ 018 言い訳を聞くのは嫌いだ。
- ❏ 019 何かを得るためには、何かを与えなければならない。
- ❏ 020 ネコには暗闇でものを見る能力がある。
- ❏ 021 ジョンの死を想うとじつに悲しい。
- ❏ 022 〔メールで〕来週、あなたとお会いできることにワクワクしています。
- ❏ 023 クレアは私よりもずっと多くのダイヤの指輪を持っている。
- ❏ 024 彼女は僕より背が高い。
- ❏ 025 魚は生で食べるのがいちばんだ。
- ❏ 026 彼は政治家とはいえない。
- ❏ 027 パーティには誰が来るの？
- ❏ 028 〔"Don't you remember?" と問われて〕いいえ、覚えています。
- ❏ 029 コーヒーはいかがですか？
- ❏ 030 徳川家康は現在の愛知県で生まれた。
- ❏ 031 よくあることだが、彼はきょうも自宅にスマホを忘れてきた。
- ❏ 032 ロンドン滞在中に昔のガールフレンドに会った。
- ❏ 033 彼は目を閉ざしてモーツァルトを聴いていた。
- ❏ 034 ほら、テーブルクロスのしみを見て。
- ❏ 035 彼のどこが好きなの？

# 第 2 章

# 「発想」

## の困惑

**Mistake!**

# 036. 〈どこ〉と〈何〉の混乱

**彼のどこが好きなの?**
✘ ***Where* do you like him?**

日本語の「**どこ**」に相当する疑問詞は "**where**" です。

☑ *Where* are you now?
　（いまどこにいるの?)
☑ *Where* does it hurt?
　（どこが痛いの?)

これらはよく耳にする英語表現です。
では、次の「どこ」はどうあらわしますか。
「オーストラリアの首都はどこですか?」を英語にしてみましょう。

✘ *Where* is the capital of Australia?

わたしたちが陥りやすい落し穴のひとつです。日本語に引っぱられて、多くの学習者がこのように書いてしまいます。「位置」ではなく「首都の名称」をたずねているので、ここでは "**what**" を用いなければいけません。

○ *What* is the capital of Australia?

どうやら、わたしたちが使っている「どこ」は「何」に変換しなければならない場合があるようです。

☑ *What's* wrong with that?
　（それのどこが問題なの？）

☑ *What's* wrong with being single?
　（独身のどこが悪いんだ？）

　さて、問題文の「彼のどこが好きなの？」ですが、

✘ *Where* do you like him?

といってしまいがちです。しかし、ここで "where" を使うという発想はネイティヴ・スピーカーにありません。英語の "where" はあくまでも場所や位置を問う表現なので、**たずねたいものが名詞の場合は、what**（疑問代名詞）**を用いなければなりません。**

○ *What* do you like *about* him?
　（彼のどこが好きなの？）

　以下の英文でも「どこ」が "what" になっていることに注目してください。

☑ *What* do you love *about* Japan?
　（日本のどこがいいのですか？）

☑ *What* do you hate *about* living in big cities?
　（都会暮しのどこがいやなの？）

---

**彼のどこが好きなの？**
○ *What* do you like *about* him?

Mistake!

# 037. 〈どっち〉と〈誰〉のわかりにくさ

**ケンとユカ、どっちが背が高い？**
✘ *Which* is taller, Ken or Yuka?

**who**（誰）と **which**（どちら）はいずれも疑問代名詞で、"who" は「人」に用い、"what" と "which" は「人」と「物事」のどちらにも用いるとされています。

「ケンとユカ、どっちが背が高い？」を英訳してもらうと、かなりよくできる高校生や大学生でも、

✘ *Which* is taller, Ken or Yuka?

とやってしまいます。

O *Who* is taller, Ken or Yuka?

「どっち」を「誰」と言い換えて考えてみる必要があるというと、学生たちは "which" は「人」にも適用されるのではないかと反論します。たしかに、そうです。

O Which *one* is taller, Ken or Yuka?

このように〈**Which one ...?**〉とすれば正しい文になります。
"which" は 人や物事について、「このなかのどれ」のように、限定された数のものから選択するときに用いますが、原則、**人と人を比べる場合、"which" は単独では主語になれない**のです。

☑ *Which one of you* is taller?
　（きみたちのどっちが背が高い?）
☑ *Which of you* knows the formula?
　（きみたちのうちで誰が公式を知っているのかね?）

　ところが、たとえば写真の中の男性を指差して、

☑ *Which* is your husband?
　（どっちがあなたの夫なの?）

ということがよくあります。

☑ *Which one* [*man*] is your husband?

ともいいますが、〈Which is ＋人?〉のパターンもあるのです。
　以上のことを整理してみます。

(1) 人と人を比べて「どっちが……?」という場合は "who" を用いる。
(2) 限られた複数の人のなかから、「どっちが……?」という場合、"which" を単独では用いず、**Which one** [man / woman] **...? / Which of ...?** などを用いるのがふつうである。しかし、写真やそばにいる人を指差している場合は、〈**Which is ＋人?**〉という形が可能である。

---

**ケンとユカ、どっちが背が高い?**
○ *Who* is taller, Ken or Yuka?
➤ ○ *Which one* is taller, Ken or Yuka?

**Mistake!**

# 038. 使い勝手のよい〈How late ...?〉

**営業時間は何時まで?**
**？ *Until what time* are you open?**

　レストランや商店の人は、次のようによくいっています。

☑ We're open *until* 9:00.
　（うちは9時まで営業しております）

　これを参考にして、「何時まで開いていますか?」を英語にしてみると、"Until what time ...?" なる表現が頭に浮かびます。

**？** Until what time are you open?

　文法的に正しく、またネイティヴ・スピーカーも文の意味を理解するでしょう。でも、一般的な言い方ではありません（until については091も参照してください）。
　では、どのようにいうのがふつうなのでしょうか。

**○** *How late* are you open?
　（営業時間は何時まで?）

　このように、「どれくらい遅くまで開いているのですか?」と発想するのです。

**○** What time do you close?
　（閉店は何時ですか?）

ということもあります。

開店時間をたずねるときは、

☑ What time do you open?
= When do you open?（開店は何時ですか？）

といいます。

"**How late ... ?**"に戻りましょう。この表現はたいへん使い勝手がいいので、さまざまな場面で使われます。以下の用例をごらんください。

☑〔ホテルで〕

**A:** *How late* can we check in?
（チェックインは何時まで？）
**B:** You can check in anytime.
（いつでもチェックインできます）

☑〔職場で〕

**A:** *How late* did you work last night?
（昨夜は何時まで仕事をしていたの？）
**B:** I worked *until* 10:30.
（10時半までよ）

営業時間は何時まで？
○ *How late* are you open?
○ *What time* do you close?

**Mistake!**

# 039. 〈否定疑問〉のすれ違い

**質問はありませんか?**
✘ *Don't you* have any questions?

　講演やプレゼンテーションが終わったあと、日本人は「何か質問はありませんか?」とたずねます。日本語の「ありませんか?」という否定疑問は、「ありますか?」よりも丁寧な表現形式です。

　しかし、ネイティヴ・スピーカーはこの否定疑問を「えっ、質問がないわけ?」と受けとります。ここには、聴衆は質問して当然だ、という話し手の思い込みが感じられます。

⭕ Do you have any questions?

　「〜して当然だ」というような思い込みがなければ、このように肯定疑問でたずねるのがふつうです。

☑ *Does anyone* have any comments or questions?
　(ご意見、ご質問等、ございませんか?)

　依頼をするときも気をつけなくてはいけません。

　たとえば、通りすがりの人に時間をたずねるとき、日本人の場合、「いま何時か教えていただけないでしょうか?」と否定疑問で問うことが多いのですが、これを、

✘ *Couldn't you* tell me what time it is?

ということはありません。否定疑問の形を用いると、依頼内容が実

現されないことに対し、「......することができないとでもいうのか?」と**責めるニュアンス**が出てしまうのです。したがって、

**○** *Could you* tell me what time it is?

のように肯定疑問で依頼します。
〈Would you please ...?〉といった**依頼表現**も同様です。

**✗** *Wouldn't you* please open the window?

ではなく、

**○** *Would you* please open the window?
（窓を開けてくださいませんか?）

というのがふつうです。
　**勧誘**のときは否定疑問を用いるときもあります。

**○** *Wouldn't you* take another cup of tea?
（もう一杯お茶をいかがですか?）

　このように勧誘のときは否定疑問でたずねることもあるのですが、依頼のときは肯定疑問を用いるのがふつうです。Could you ...?（......していただけませんか?）や Would you please ...?（......してくださいませんか?）など、**依頼をするときは原則、肯定疑問でたずねる**と覚えておきましょう。

**質問はありませんか?**
**○** *Do you* have any questions?

**Mistake!**

# 040. 〈猫舌〉と〈パンの耳〉

**私、猫舌なんです。**
✗ I have *a cat's tongue*.

日本語にある語や表現が英語には適用されない場合があります。その典型的な例として、わたしたちが日ごろよく使っている「**猫舌**」があります。

✗ I have *a cat's tongue*.

といっても、まったくつうじません。

○ My tongue is sensitive to hot food.
○ My tongue is very sensitive to heat.

日本語をかみ砕いて、「私の舌は熱い食べ物に敏感に反応する」とか「私の舌は熱にとても敏感だ」に言い換える必要があります。

○ I can't eat [drink] anything hot.
○ I don't like hot food [drinks].

このように「熱いものが食べられない (飲めない) / 熱いものが苦手だ」といってもよいでしょう。
では、「**パンの耳**は捨てないで」を英訳してみましょう。

✗ Don't throw away *the ears of the bread*.

日本語の発想をそのまま英語に適用しても伝わりません。

**O** Don't throw away *the crusts of the bread.*

「パンの皮」や「パイの皮」のことを "crust" といいます。heel（かかと）という単語を使うこともあります。「かかと→末端→（棒状のものの）端切れ」となりました。パンやチーズなどの「切り残し部分」を指します。

**☑** You can use *the heel of the bread* in lots of dishes.
（パンの耳は工夫すると、いろんな料理に使えるのよ）

では、「私は**金づち**だ」を英語にしてみましょう。もちろん、次のようにいっても、相手は何のことやらさっぱりわからないでしょう。

**✕** I'm *a hammer.*

別の表現で言いあらわしてみましょう。

**O** I can't swim (at all).

たんに「泳げない」といえばよいのです。

---

**私、猫舌なんです。**
**O My tongue is sensitive to hot food.**
**O My tongue is very sensitive to heat.**
**O I can't eat [drink] anything hot.**
**O I don't like hot food [drinks].**

**Mistake!**

# 041. 〈lie〉と〈うそ〉の隔たり

> うそでしょ!
> ✗ You (*are a*) *liar*!
> ✗ You must be *telling a lie*.

**lie**(うそ)にしろ **liar**(うそつき)にしろ、日本語よりもはるかに強い意味をもっています。これらは、相手に対する非難や侮辱をあらわす単語なのです。

○ No way!
　 (うそでしょ!?)

「うそでしょ!?」にいちばん近い表現がこれです。キツい口調にならないように、ゆっくりとおどけた感じで〔ノゥ・ウェィ〕というのがコツです。あるいはまた、

☑ No kidding [joking]!
　 (うそばっかり!)
　 ▶ kid(動詞)「冗談をいう / からかう / 担ぐ」
☑ You're kidding [joking]!
　 (冗談でしょ!)
☑ You're not serious!
　 (もうふざけてばっかりいるんだから!)

などといってもいいでしょう。

☑ You're kidding, *right?*
　（またぁ、うそでしょ）

☑ You're joking, *right?*
　（冗談でしょ）

　最後を〈**..., right?**〉とすれば、日本語の「**……でしょ?**」の感覚がでます。軽くふざけた感じでいってみてください。

　また、日本人は「うそをつく」を "tell a lie" という表現を使って言いあらわそうとしますが、ネイティヴ・スピーカーの耳には、英語を習い始めたばかりの人か、小さな子どもがいっているような英語に聞こるようです。**大人は "lie" を動詞として使って言いあらわそうとします。**

☑ He *lies* a lot.
　（彼はうそつきだ）

☑ He *lied* to his mother.
　（彼は母親にうそをついた）

☑ Have I ever *lied* to you?
　（これまでに私があなたにうそをいったことがある?）

☑ Anyone who says he has never *lied* is *lying*?
　（一度もうそをついたことがないという人は
　うそをついている）

うそでしょ！
○ No way!

Mistake!

# 042. 〈聞き返し〉表現の誤解

**ちょっと聞き取れませんでした。もう一度お願いします。**
✗ *I can't hear you. Once more.*

　相手のいうことが聞き取れなかったとき、親しい間柄であれば、たいてい次のように聞き返します。

☑ What did you say?
　（なんていったの？）
☑ What?
　（何？）
☑ Come again?
　（もう一度いって）《英》
☑ Huh?
　（えっ？）

　最後の2つは日本語の「何？」や「えっ？」にあたる表現と考えてよいでしょう。たまに、Once more.（はい、もう一度）といっている日本人を見かけますが、これは**命令的なニュアンス**があるので使わないほうがいいでしょう。
　もう少し丁寧に聞き返したいときは、以下の表現を上げ調子で用います。

☑ Excuse me? ↗
　（なんとおっしゃいました？）
☑ (I'm) Sorry? ↗
　（失礼？）

　とはいえ、相手が目上の人であれば、次のような丁寧な表現を使うことをおすすめします。

☑ Could you repeat that?
　（もう一度お願いします）
☑ I beg your pardon?
　（もう一度おっしゃってください）
☑ Pardon me?
　（もう一度お願いできます？）
☑ Pardon?
　（何ですって？）

　なかでも、〈**Could you repeat that?**〉は社交生活を円滑にするための必須フレーズです。
　「聞こえませんでした」とか「聞き取れませんでした」といいたいときは、

☑ I didn't get [catch] that.
　（聞き取れませんでした）
☑ I didn't (quite) hear you.
　（うまく聞こえませんでした）

などの表現を用います。"I can't hear you." を思いついた人もいるかもしれませんが、この表現は電話をしているときなどに使う「（声が小さくて）聞こえない」なので、こうした場面では不適切です。

---

**ちょっと聞き取れませんでした。もう一度お願いします。**
○ **I didn't get that. Could you repeat that?**

Mistake!

# 043. 意外に言えない「ここはどこ?」

**ここはどこ?**
✗ **Where *is here*?**

道に迷って、自分の居場所がわからなくなったとき、

○ Where are *we* (now)?
（ここはどこですか?）

とたずねます。
あるいはまた、主語を自分だけにして、

○ Where am *I* (now)?
（ここはどこですか）

と問いかけることもあります。
授業中に生徒が、

☑ Excuse me. Where are *we*?
（すみません。いまどこをやっていますか?）
▶ この場合は、"I" ではなく "we" を用います。

ということもあります。
また、飛行機の中でも使うことができ、「いまどのあたりを飛んでいますか?」の意味で用いることがあります。以下は、乗客とフライト・アテンダントの会話です。

☑ **A:** Excuse me. Where are *we* now?
　　（すみません。いまどのあたりを飛んでいるのですか?）

　**B:** *We* are over Arizona. You can see the Grand Canyon on your left soon.
　　（アリゾナ上空を飛んでいます。もうすぐ左手にグランド・キャニオンがごらんになれますよ）

「ここ」という日本語に引っぱられて、

✖ Where is *here*?

といってしまう学習者が多いのですが、"Where is here?" は次のようなシチュエーションなら用いることができます。

☑ **A:** Where are you?
　　（どこにいるの?）

　**B:** I'm here.
　　（ここにいる）

　**A:** Where is *"here"*?
　　（ここってどこ?）

　Where is here? は、相手が「ここにいる」といったときに、「ここってどこなの?」とたずねるときに使うのです。

---

**ここはどこ?**
○ **Where *are we* (now)?**
○ **Where *am I* (now)?**

# 044. 「どこまでやったっけ?」のあらわし方

> **どこまでやりましたっけ?**
> ✘ *How far did we do?*

　緊急の電話がかかってきて、ミーティングが中断してしまうことがあります。戻ってきたあなたは、「ごめん。で、どこまでやりましたっけ」とか「失礼、どこまで話しましたっけ」と述べて、再開を告げます。このようなとき英語母語話者は、

☑ Sorry about that. *Where were we?*

といいます。"are" ではなく、"were" としていることに注目してください ("were" を強く読みます)。つまり、意識を過去に戻しているのです。

　というわけで、「どこまでやりましたっけ?」は、

○ Where were we?

といいます。こうしたとき、

✘ How far did we do?

とすることはできません。教室で先生が、

☑ How far did we get last week?
　（先週はどこまで進みましたか?）

ということはありますが、**ついさっきのことは "Where were we?"** というフレーズを使います。

　あるいは、自宅でテレビ会議 (teleconference) の最中、宅配便の人が来たりして中断してしまうことがあります。そして、ふたたび取りかかろうとするのですが、どこまで話したのか、もう忘れてしまっています。そのようなときは、

☑ Now, where was I?
　　（で、どこまで話したっけ?）
　　▶ now「ところで / さて / ええと」（話を切りだすときや話題の転換をするときに用いる表現です）

とつぶやきます。この場合は、"was" を強く読みます。

　それどころか、何をしていたのかもさえ忘れてしまうことがあります。

☑ Now, what was I doing?
　　（で、いま何をしてたんだっけ?）

　そのようなときは、このようにつぶやきます。

**どこまでやりましたっけ?**
○ **Where were we?**
○ **Where was I?**

Mistake!

# 045. 〈hobby〉が意味するもの

**趣味は何?**
? **What's your *hobby*?**

中学生のとき、〈What's your hobby?〉と先生が問いかけると、

☑ My hobby is reading.
　（趣味は読書です）
☑ I love watching movies.
　（映画を見るのが大好きです）

などと答えた記憶がありませんか。

　聞くところによると、このようなやりとりがいまも学校でおこなわれているようです。

　英語母語話者の感覚では、"**hobby**" はそもそも「**切手を収集したり、模型を組み立てたりすること。あるいは園芸や美術などの活動にいそしむこと**」なのです。「ひとりで、黙々と、長期わたって積極的に打ち込んできた活動」といったニュアンスもあります。

　というわけで、厳密にいえば、読書、映画鑑賞などは "hobby" に含まれないのです。

　わたしたちはよく「趣味は何?」とたずねますが、個人的なことをいえば、筆者も英語母語話者から、

? What's your hobby?
? What're your hobbies?

とたずねられたことが一度もありません。

　では、日本語の「**趣味は何?**」にあたる英語表現としてネイティヴ・スピーカーはどのような表現を使っているのでしょうか。

○ What do you like to do in your free time?
　（暇なときは好んで何をしているのですか?）
○ How do you spend your free time?
　（暇なときはどんなふうにして過ごしているのですか?）
○ What do you do for fun?
　（気晴らしに何かやっていますか?）
　▶ for fun「気晴らしに / 遊びで」

　これらが、日本語でいうところの「**趣味は何ですか?**」にあたる表現です。

☑ **A:** So, Lisa, *what do you like to do in your free time?*
　（ところで、リサ、趣味は何?）
　**B:** I guess I go to the gym a lot.
　（そうね、ジムによく行くわ）

**趣味は何?**
○ **What do you like to do in your free time?**
○ **How do you spend your free time?**
○ **What do you do for fun?**

## 046. 異なる「緑」と「自然」の捉え方

**むかしは東京にも緑がたくさんあった。**
✗ Years ago, Tokyo had a lot of *green*.

　"green" は色彩の「緑」であって、自然界の「緑」をあらわすことはありません。ゴルフ場での「グリーン」(緑地) を指すことはあっても、草木のまとまりを意味することはありません。

　また、形容詞の "green" は「環境にやさしい」とか「環境保護の」の意味で、green vehicle (環境にやさしい乗り物) などということはあっても、「草木の / 植物の」という意味で用いられることはありません。

○ Years ago, Tokyo had a lot of *greenery*.

　"greenery" とすれば OK です。**集合的に「緑の草木」をあらわす不可算名詞** (数えられない名詞) です。trees and plants (木々と植物) を総称してこういうのです。

☑ **A:** Boy, there are so many tall buildings!
　　（うわあ、高層ビルがいっぱいね！）
　**B:** Years ago, Tokyo had a lot of *greenery*.
　　（以前はね、東京にも緑がたくさんあったんだよ）

　また、**"nature"** は、森や川があり、鳥や動物たちのいる「自然」の意味ですが、**わたしたち日本人が使っている「自然」とはとらえ方が異なります**。わたしたちは「自然がいっぱいある」とか「自然が少ない」といった言い方をしますが、英語では「多い / 少ない」と

いう感覚で「自然」をとらえるという発想がありません。
　したがって、

✘ Years ago, there was *a lot of nature* in Tokyo.

ということはありません。
　では、"nature" を使って言いあらわすことはできないのでしょうか。

○ Years ago, Tokyo was *surrounded by nature*.

　**surrounded by nature**（豊かな自然につつまれている）という表現を使えば OK です。

○ Years ago, Tokyo was *rich in nature*.

　**rich in nature**（自然が豊か）ということもあります。

　また、**scenery**（地域全体の自然風景）という単語を使って、次のようにいうこともできます。

○ Years ago, Tokyo had *a lot of beautiful scenery*.

---

**むかしは東京にも緑がたくさんあった。**
○ Years ago, Tokyo had a lot of *greenery*.
○ Years ago, Tokyo *was surrounded by nature*.
○ Years ago, Tokyo *was rich in nature*.
○ Years ago, Tokyo had a lot of *beautiful scenery*.

Mistake!

# 047. 〈勤務先〉をたずねる

### どちらにお勤めですか?
✖ **What company do you *work*?**

初対面の人にいきなり「どこに勤めているの?」と勤務先を聞くのはたいへん失礼です。

☑ What kind of work do you do?
（どういう関係の仕事をなさっているのですか?）

☑ What do you do?
（どんなお仕事をなさっているのですか?）

このように切りだすのがふつうです。

どんな職業に就いているかがわかったら、次は勤務先を聞いてみましょう。以下の2つが定番表現です。

(1) Where do you work?
（どこで働いているのですか?）

(2) Who do you work for?
（どちらにお勤めですか?）

前者 (1) は、**勤務先**（会社名や所在地）をたずねるときの表現であり、後者 (2) は、雇い主（会社・団体・機関・個人）を聞くときの言いまわしです。なお問題文は、前置詞の "for" をつけて、What company do you work *for*?（どこの会社に勤めているのですか?）とすれば容認されます。

ここで問題にしたいのは (2) の文です。どうして "**who**" を用い

るのでしょうか。

　欧米の会社の多くは姓名を会社の名称としています。ロックフェラー、モルガン、フォーブス、シャネル、マクドナルド……。日本人にもなじみがあるこれらの会社はみんな姓を会社名のなかに取り込んでいます。雇用主は、自分の名前（姓名）をとって会社名・団体名・機関名にする傾向があるのです。つまり、"Who do you work for?" は「誰のために働いているのですか？→どなたが雇い主ですか？→どちらにお勤めですか？」と考えられているのです。

☑ **A:** *What do you do,* Ken?
　　（ケン、あなたはどんな仕事をしているの？）
　　**B:** *I'm in* TV.
　　（テレビ関係の仕事だよ）
　　**A:** Oh, really? So, er, *who do you work for?*
　　（そうなの？　で、どこに勤めてるの？）
　　**B:** I *work for* CBC.
　　（CBCっていうところ）

　職種をたずねられた場合、よく「**……関係の仕事をしています**」といいますが、それにあたるのが、**"I'm in ..."** です。これも重要なフレーズとして覚えておいてください。

☑ *I'm in* computers.
　（僕はコンピュータ関係の仕事なんだ）
☑ *I'm in* advertising.
　（広告関係の仕事をしています）

**どちらにお勤めですか？**
○ *Who* do you work *for*?

## Mistake!

# 048. 〈maybe〉は「たぶん」か?

**たぶん（そうします）。**
? *Maybe.*

日本人の英語を聞いていると、"**maybe**" を連発する人が多いのに気づきます。しかしながら、その大半が間違って使っているのではないでしょうか。

☑ **A:** Do you think she will win?
（彼女が勝つと思う?）
**B:** *Maybe.*
（どうかな）

この "*Maybe.*" は、「たぶん勝つ」ではなく、「わからない」といっているに等しい言いまわしです。

☑ **A:** Will you marry me?
（僕と結婚してくれるかい?）
**B:** *Maybe.*
（どうかしら）

　この "Maybe." は、「わからない」とか「たぶん、しないと思う」と訳してもいいでしょう。遠まわしに "No." を意味しているともとれる、つれない返事です。

　日本語の「たぶん」は70〜90パーセントの可能性があると思われますが、**英語の "maybe" は50パーセント前後**と考えておいたほうがいいでしょう。

　あるインフォーマント（イギリス人）は、〈maybe ＝ perhaps〉だと指摘していますし、別のインフォーマント（アメリカ人）によれば、「"たぶん" という日本語は英語の "probably" に近い」との印象を述べています。さらに、「自信や確信がないときは、"Maybe." よりも、**I'm not sure.** (よくわからない) という表現を使うことが多い」「"Maybe." だけで理由を述べないと、不誠実な感じがする」などの意見も寄せられました。

　複数のインフォーマントとつくった、それぞれの "可能性" は以下のとおりです。

- certainly 　　　　　　　☞ 90% 以上確実
- probably 　　　　　　　☞ 70〜90%
- perhaps / maybe / possibly ☞ 50% 前後
- never 　　　　　　　　☞ 0%

　いずれにしても、"maybe" のあらわす可能性は「50% 前後」だと考えておいたほうがよさそうです。

**たぶん（そうします）。**
○ **Probably.**

# 049. 「断る」ときはきっぱりと

（取引先から仕事の依頼をされて）
難しいです。
? It's *difficult*.

　一般に、依頼を受諾する場合、**Sure.**（いいですよ）/ **Okay. No problem.**（了解。お安いご用です）などの簡単な言葉で応じます。しかし、引き受けたいのだけれど、事情があって断らざるをえないときがあります。

　相手を傷つけず、今後も良好な関係を継続していきたいとき、「無理です」とか「不可能です」といえば、関係がぎくしゃくしてしまいます。断られたほうは、恨（<sup>うら</sup>）みに思うことさえあります。そんなとき日本人は、角が立たないように、「それはちょっと難しいですね」とやんわりいって、あとは口をつぐんしまうのを常とします。このようにいわれたら、日本語文化では、言外の意味を読みとって、遠まわしに「断られたのだ」とすぐに気づきます。

　しかし、こうした日本社会でつうじる暗黙の了解事項を英語文化に持ち込んだ場合、誤解や摩擦が生じる原因になりかねません。

　〈It's difficult.〉は英語圏ではどのように受けとめられるのでしょうか。

　「難しいが、不可能ではない」、「難しいけど、やってやれないことはない」と解釈されます。**"difficult"** は **not easy**（簡単ではない）といっているにすぎないのです。

　つまり、「難しい」の言外の意味は、「けれど、まだ可能性が残されている」のです。これが英語母語話者の感覚です。ですから、ネイティヴ・スピーカーは〈It's difficult.〉や〈It's a little difficult.〉を拒絶の表明だとは捉えていません。「難しいけど、可能性はある」、

あるいは「難しいのはわかった。だから何?」というニュアンスで
受けとめています。

したがって、断りたいときは、

**O** I'm afraid that's *not possible*.
（せっかくですが、無理ですね）

**O** That's *impossible*, I'm afraid.
（無理です。申し訳ありません）

と、不可能であることをはっきり伝えることです。このようにスト
レートに言っても、英語の世界ではまったく失礼ではありません。
シチュエーションによっては、次のようにいうこともあります。

☑ I'm afraid I can't do that.
（せっかくですが、できません）

☑ I'm sorry, but I don't think I can help you.
（残念ながら、お力にはなれません）

☑ I'm afraid I won't be able to do that.
（残念ながら、できかねます）

いずれにしても、〈It's difficult.〉といわず、このようにきっぱ
りと伝えることです。

---

（取引先から仕事の依頼をされて）
難しいです。
**O I'm afraid that's *not possible*.**
**O That's *impossible*, I'm afraid**

Mistake!

# 050. 「断る」表現のやわらげ方

（友人宅でコーヒーを勧められて）
ごめんなさい。コーヒーは苦手なんです。
? I'm sorry, but *I don't like* coffee.

　友人宅で何かを勧められて断るときの言い訳として、「○○は好きではありません」ということがあります。しかし、相手がそれをひじょうに気に入っている可能性もあるので、相手の好みを真正面から否定しないように配慮して、婉曲的な表現することが大人のたしなみです。

**?** I'm sorry, but *I don't like coffee.*
　　（ごめんなさい。コーヒーは好きじゃないんです）

　複数のインフォーマントから、「自分の好みを露骨にいっているように聞こえる」「失礼」「不適切」「大人の対応ではない」などの声が寄せられました。
　この英文のどこが問題なのでしょうか。
　「ものを勧められて "I don't like ..." と応じるのは、子どもっぽい言い方のように聞こえる」ようです。
　では、どのように断ったらいいのでしょうか。
　あるインフォーマントによれば、「コーヒーはいかがですかと聞かれたら、No, thank you.（いいえ、けっこうです）と答えるけれど、出されてしまったら、喜んで飲む。それが大人の態度」だそうです。
　アレルギーなどの問題があって、口に含むこともできない場合はどうしたらいいのでしょうか。

**O** I'm sorry, but *I don't care for* coffee.
（ごめんなさい。コーヒーは苦手なんです）

〈**care for A**〉という表現を使えば、丁寧に断っているように聞こえるといいます。〈care for A〉は、**"like"** の丁寧表現で、否定文・疑問文・条件文で用いられます。

☑ *Would you care for* some coffee?
（コーヒーはいかがですか?）
☑ *I don't care for* coffee.
（コーヒーはあまり好きではありません）

これらは Would you like some coffee? (コーヒーはどうですか?) や I don't like coffee. (コーヒーは好きじゃない) よりも丁寧な感じがします。
あるいはまた、

**O** I'm sorry, but *I don't drink* coffee.
（ごめんなさい。コーヒーは飲めないんです）

ということもあります。

---

（友人宅でコーヒーを勧められて）
ごめんなさい。コーヒーは苦手なんです。
**O** I'm sorry, but *I don't care for* coffee.
**O** I'm sorry, but *I don't drink* coffee.

# 051. 「わたしたち日本人」という選民意識

**わたしたち日本人は働き者です。**
**? We Japanese are hardworking.**

　わたしたちがふだん何気なく口にしている言いまわしが英語になったとたん、相手に違和感を与えたり、誤解や困惑をもたらしてしまうことがあります。

　そのひとつが、**"We Japanese ..."** です。

**?** *We Japanese* are hardworking.

　この言い方が、どうも日本人であることを鼻にかけているように聞こえ、日本人ではない人たちは自分がよそ者扱いされているように感じてしまうようです。「日本人だけが働き者で、ほかの国の人たちは違う」といっているように聞こえてしまうのです（005も参照してください）。

☑ *The Japanese* are generally hardworking.
　（一般的に日本人は働き者です）

　聞く側に疎外感を与えないようにするためには、主語を the Japanese / Japanese people / Japanese などにする必要があります。**generally**（一般に）をつければ、より客観的に述べているとの印象を与えることができます。

　これは「あなたたちアメリカ人」であっても同じことです。

**?** *You Americans* are friendly.
（あなたたちアメリカ人はフレンドリーだ）

と褒めようが、

**?** *You Americans* are self-centered.
（あなたたちアメリカ人は自己中心的だ）

とけなそうが、アメリカ人をひとまとめにして批評しているとの印象を与えてしまいます。もちろん、**You foreigners ...**（あんたたちガイジンは……）も同様です。

☑ *Americans* are *generally* friendly.
（アメリカ人は一般的にフレンドリーだ）
☑ *It seems that some Ameicans* are self-centered.
（自己中心的なアメリカ人がけっこういますね）」

　"You Americans" とひとまとめにせずに、"Americans" で客観性をもたせ、**generally**（一般に）や **It seems that ...**（……のように思われます）などの表現とともに用いることをお勧めします。

**一般的に日本人は働き者です。**
**O** *The Japanese* are generally hardworking.

Mistake!

# 052. 「彼」と「彼女」の排他性

（そばにいる妻を指さして）
**彼女はテニスが上手なんです。**
✗ *She* plays tennis very well.

　受けとめ方の違いを示すものとして、「彼」と「彼女」の問題があります。これは多くの英語母語話者が指摘することなのですが、学校ではまったく教えられていないようです。

　ここに日本人の夫妻（ケンとヨーコ）とその知り合いであるアメリカ人（シェリル）がいるとします。

　ケンはそばにいる妻を指して、「彼女はテニスが上手なんです」を意味する次の表現を口にしました。

**?** *She* plays tennis very well.

　ヨーコも傍らにいる夫に言及して、「彼はワインに目がないの」と教えてくれます。

**?** *He* is crazy about wine.

　しかし、シェリルは怪訝（けげん）な顔をしています。
　「なぜ、夫婦なのにファーストネームで呼ばないの?」
　こう思っているのは間違いありません。
　**そばにいる妻や夫を「彼女」や「彼」で呼ぶことは、英語圏ではありえないことです。**「つき放しているようだ」「排他的に聞こえる」「他人行儀もはなはだしい」との印象をも持つようです。

O *Yoko* plays tennis very well.
（ヨーコはテニスが上手なんです）

このようにいうのが英語社会の常識です。
ヨーコも次のようにいうのがあたりまえです。

☑ *Ken* is crazy about wine.
（ケンはワインに目がないの）

このことは同席している友人に言及するときにもあてはまります。
彼女（ケイコ）のほうを指さして、「彼女、来月オーストラリアに
留学するんだ」を、

? *She* is studying in Australia next month.

といってはいけません。

☑ *Keiko* is studying in Australia next month.
（ケイコは、来月オーストラリアに留学するんだ）

ちゃんと「ケイコ」と呼ぶことで、あなたはケイコという友人を
ひとつの人格として認めていることを伝えることができます。

**（そばにいる妻を指さして）**
**彼女（ヨーコ）はテニスが上手なんです。**
O *Yoko* plays tennis very well.

Mistake!

# 053. 「(この店には)〜はありますか?」の発想

〔コンビニの店員さんに〕
日焼け止めは置いてありますか?

✗ Does *this shop* sell sunscreen?

　観光でハワイへ行ったとします。ビーチに出ようとした矢先、日焼け止めローションを持ってくるのを忘れたことに気づきました。しかたなく、あなたは近くのコンビニに入って、店員さんに「日焼け止めは置いてありますか?」とたずねます。

○ Do you have sunscreen (here)?
○ Do you sell sunscreen (here)?
○ Do you carry sunscreen (here)?

　こうした場合、英語では「この店」を主語にすることはありません。この店で働いている人たちを総称的に **"you"** と捉えるのです。

☑ **A:** *Do you have* birthday cards?
　　　(バースデーカードはありますか?)

　**B:** Yes. Right this way.
　　　(ええ。どうぞこちらへ)

☑ **A:** *Do you sell* batteries?
　　　(乾電池ありますか?)

　**B:** Sorry, *we don't carry* them here.
　　　(あいにくうちには置いてません)

「うち (当店) / 当方」を主語にすることもありますが、**"we"** とし

たほうが親しみがあります。

☑ *Our store* doesn't carry imported products.
（当店は輸入品は扱っておりません）

☑ *We* don't carry imported products here.
（うちでは輸入品は扱っていません）

「あの店」を話題にだすときは、店自体を主語にすることもありますが、店の人たちを総称的に捉えて "**they**" で始めるのがふつうです。

☑ *That store* carries almost every brand of cheese.

☑ *They* carry almost every brand of cheese at that store.
（あの店ではほとんどあらゆる銘柄のチーズを取り揃えている）

"**carry**" という動詞にも注目してください。この "**carry**" は、「(商品を) 扱っている」とか「(在庫として) 置いている」という意味で用いられています。

☑ **A:** Do you *carry* necklaces here?
（こちらではネックレスを置いてますか?）

　**B:** Sorry, we don't *carry* jewelry.
（すみません。当店では宝石類は扱っておりません）

---

（コンビニの店員さんに）
**日焼け止めは置いてありますか?**
○ Do *you have* sunscreen (**here**)?
○ Do *you sell* sunscreen (**here**)?
○ Do *you carry* sunscreen (**here**)?

Mistake!

# 054. 「すみません」の混同

（電車の中で席を譲られて）
**どうもすみません。**
✗ *I'm very sorry.*

　日本語では、じつにさまざまな場面で「**すみません**」という表現が用いられています。お礼をいうときも、謝るときも、声をかけるときにも使われます。しかし、英語では状況しだいで言い方も変わります。

　電話をもらったとき、贈り物をもらったとき、落としたものを拾ってもらったとき、荷物を運んでもらったときなどには〈**感謝**〉の表現を用います。たとえば、電車の電車の中で席を譲られたときは次のようにいいます。

☑ **A:** Please have a seat.
　　（どうぞおかけください）
　**B:** Oh, *thank you.*
　　（あ、どうもすみません）

　相手の手をわずらわせてしまったとき、相手を傷つけてしまったとき、相手に迷惑をかけてしまったときなどは〈**謝罪**〉の表現を用います。

☑ **A:** *I'm sorry* to call you so late at night.
　　（夜分遅く電話してすみません）
　**B:** Oh, that's okay. I was still awake.
　　（いいんですよ。まだ起きてましたから）

うっかり人にぶつかったとき、他人の足を踏んでしまったとき、ゲップ (burp)、くしゃみ (sneeze)、せき (cough)、せき払い (clearing throat)、しゃっくり (hiccup)、おなら (fart) が出てしまったとき、人ごみの中を進むときなどは〈軽いお詫び〉の表現を用います。

☑ **A:** Achoo! *Excuse me.*
　（ハクション。すみません）
　**B:** Bless you.
　（お大事に）

「すいませんが……」と、**相手の注意を引くとき**は、

☑ Excuse me, but ...
☑ Sorry to bother you, but ...
☑ I hate to bother you, but ...

などのフレーズを用います。

☑ **A:** *I hate to bother you, but* could I ask you a question?
　（すみません。ひとつ聞いてもよろしいですか?）
　**B:** Sure. You can ask me anything but my age.
　（ええ。年齢以外なら何でも聞いていいわよ）
　▶ anything but については 096 を参照してください。

　（電車の中で席を譲られて）
　どうもすみません。
○ **Thank you** (very much).

Mistake!

# 055. 「...... しに来ました」の表現法

**注文したスーツを受け取りに来ました。**
✗ I *came* here to pick up the suit I ordered.

学習者の多くはこのように表現します。

どこが誤りでしょうか。

"came" と過去形であらわしていることが不自然に聞こえます。**英語の過去形は、現在と切り離された過去の出来事をあらわすから**です。〈I've come to pick up the suit I ordered.〉のように現在完了形を用いれば容認されます。

ネイティヴ・スピーカーはこのようなとき、たいてい次のように表現します。

○ I'm here to pick up the suit I ordered.
（注文したスーツを受け取りに来ました）
▶ pick up A「A（自分のもの / 注文したもの）を受け取る」

be 動詞を用いて、**I'm here to ...**（......するために今ここにいるのです）という表現を用いるのです。**日本語の「......しに来ました」は〈I'm here to ...〉が対応する**、と覚えておいてください。

旅行先のホテルや預かり所などに荷物を取りにいったときなどにもこの表現を使います。

☑ I'm here to pick up my bags.
（荷物を取りにきました）
☑ I'm here to take my bags out of storage.
（預けていた荷物を受け取りに来ました）

▶ storage「保管（場所）/ 収納（場所）」

☑ I'm *here to* collect the luggage that you were storing for me.
（保管していただいた手荷物を取りに来ました）

▶ collect A「A を取りに来る」
▶ luggage「（旅行の）手荷物」
▶ store A「A を保管する / A をしまっておく」

〈I'm here to ...〉という決まり文句を覚えたら、次はその後ろで
用件を述べてみましょう。

☑ I'm here to pick up the medicine.
（薬を受け取りに来ました）

☑ I'm here to pick up my computer I had repaired.
（修理にだしたパソコンを受け取りに来ました）

▶ have O repaired「Oを修理してもらう」

☑ I'm here to apply for the job.
（仕事の申し込みに来ました）

▶ apply for A「A（仕事など）を志願する / A を申し込む」

☑ We're here to complain.
（苦情を言いに来ました）

**注文したスーツを受け取りに来ました。**
○ **I'm here to pick up the suit I ordered.**

Mistake!

# 056. 〈Do you ...?〉と〈Can you ...?〉の印象

**日本語は話せますか?**
**? Can you speak Japanese?**

"can speak Japanese" の意味は「日本語を話せる / 日本語を話す能力がある」です。

☑ Is there anyone here who *can* speak Japanese?
（ここに日本語を話せる人はいますか?）

**Can you ...?** は、日本語の「……はできるの?」に相当します。**あからさまに〈能力〉をたずねているような響き**があり、初対面の人やあまり親しくない相手に使うと、**尊大な印象を与えかねません**。場合によっては、相手を見下しているように感じられます。
　下の2文を比べてみましょう。

（1）*Can* you speak Japanese?
（2）*Do* you speak Japanese?

　（1）は「日本語を話せますか?」であり、相手の言語能力を露骨に問うているような響きがあります。ときに発話者の「話して当然だ」という思い込みさえ感じられることがあります。
　いっぽう、下の (2) は「日本語を話しますか?」で、たんに「日本語を話すかどうか」をたずねています。
　英語の "Can you speak Japanese?" は、日本語の「日本語を話せますか?」よりも**直接的に能力を問うような響き**があるのです。つまり、"Do you speak Japanese?" は、"Can you speak Japanese?"

の婉曲(=丁寧)表現なのです。社交上、"Do you speak Japanese?"を使うほうが無難です。

　日本人もそうですが、その場にいない人に言及する場合、ストレートな言い方をすることがあります。じっさい、Can he ...? / Can she ...? はよく使用されています。

☑ **A:** *Can he* speak Japanese?
　　（彼さあ、日本語、話せるの?）
　　**B:** Yeah, *he can* speak Japanese very well. He's married to a Japanese woman.
　　（うん、かなり上手だよ。日本人女性と結婚しているからね）

☑ **A:** *Can she* speak Japanese?
　　（彼女、日本語を話せるの?）
　　**B:** No. *She can't* speak Japanese well even though she's been here for ten years.
　　（ぜんぜん。10年もここにいるのに片言の日本語しかしゃべれないのよ）

**日本語は話せますか? (日本語を話しますか?)**
○ *Do you* speak Japanese?

1 2 3

**Mistake!**

# 057. 「ベストを尽くす」の困惑

**ベストを尽くします。**
? **I'll try.**

多くの学習者は〈**I tried.**〉を「やってみました」と受けとり、成功や成就を意味すると思いがちですが、**この表現は明らかに失敗や挫折を意味しています**。

☑ **A:** Did you wrap up that deal?
（例の商談、まとめたかい？）
**B:** *I tried.*
（がんばったのですが）
▶ wrap up A「A（仕事・交渉など）をうまくまとめる」

「期待に添えなくてごめんなさい」というニュアンスまで含んでいます。「やっとの思いで……を終わらせた」も、日本人は〈I tried to finish ...〉とやってしまいがちですが、じつはこれも「できなかった」ことを暗示することになります。

☑ I *tried* to finish my report.
（レポートを終わらせようと努力したけど、無理でした）

「やっとの思いで……を終わらせた」は、**I managed to finish ...** を用います。

☑ I *managed* to finish my report.
（なんとかレポートを終わらせることができた）

では、I'll try. はどう解釈したらいいのでしょうか。

☑ **A:** Do you think you'll be able to finish by Thursday?
（木曜日までに終えられそうですか?）
**B:** *I'll try.*
（まあやってみます）

言い方にもよりますが、**I'll try.** は「(無理かもしれないが) やって
みるよ」というニュアンスで伝わることが多いのです。
では、わたしたちがよく口にする「**ベストを尽くします**」はどう
表現したらいいのでしょうか。

○ I'll *try my best.*
○ I'll *do my best.*
○ I'll *do the best I can.*
（ベストを尽くします）

このようにいえば、「ベストを
尽くします」という日本語に近い
意味になります。

ベストを尽くします。
○ I'll *try my best.*
○ I'll *do my best.*
○ I'll *do the best I can.*

## Mistake!
# 058. 〈I think I want to ...〉の奇妙

> パリに行ってみたいと思います。
> **?** *I think I want to* visit Paris.

　わたしたち日本人は「......したいと思います」というフレーズを
よく使います。そこで、「パリに行ってみたいと思います」を英語
にしてもらうと、次のような"奇妙な"英語を耳にすることになり
ます。

　**?** *I think I want to* visit Paris.

　中高校生だけでなく、かなり流暢な英語をしゃべるビジネスパー
ソンでも思わず口にしてしまうフレーズです。〈I think I want to
...〉は、英語母語話者の耳にはどう響くのでしょうか。
　「パリに行ってみたい気もするけれど、自分の気持ちに確信がも
てません」といっているように聞こえるようです。あるインフォー
マントによれば、「優柔不断な（wishy-washy）態度をとっているか
のような感じがする」そうです。
　「またお目にかかりたいと思います」も同様です。わたしたちは、

　**?** *I think I'd like to* see you again.

といってしまいがちですが、**願望や欲求をあらわす表現の前に
〈I think ...〉をつけると、じつに奇妙に聞こえます**。
　日本語の「思う」には、さまざまな意味があります。「二度と行く
まいと思う」の「思う」は「決心する」であり、「手に入れたいと思
う」の「思う」は「願う」の意味です。こうした事情もあって、日本

人はいろいろな動詞に「思う」をつけてしまうのですが、英語の
〈I think I want to ...〉は、上で述べたように、気持ちがはっきり
と決まっていないときに用いるのです。そうしたいという気持ちが
強くあれば、たんに〈**I (really) want to ...**〉というのが無難です。

**O** *I (really) want to* visit Paris.
　　（パリに行ってみたいなあ）

　あるいは次のように表現することもできます。

☑ *I'd really like to* visit Paris.
　　（パリに行ってみたいです）
☑ *I'm dying to* visit Paris.
　　（パリに行きたいなあ）
　　▶ I'm dying to ...「ぜひ……してみたい /……したくてたまらない」
☑ Right now *I'm really interested in* visiting Paris.
　　（いまね、パリに興味があって行きたいなあと思っているんだ）
☑ Lately *I've been wanting to* visit Paris.
　　（このところパリに行くことばかり考えているんだ）

**パリに行ってみたいと思います。**
**O** *I (really) want to* visit Paris.
**O** *I'd really like to* visit Paris.

## チェックリスト

各ユニットの問題文を英語で正しく言えるか確認してみましょう。

❏ 036 ケンとユカ、どっちが背が高い？

❏ 037 営業時間は何時まで？

❏ 038 質問はありませんか？

❏ 039 私、猫舌なんです。

❏ 040 うそでしょ？

❏ 041 ちょっと聞き取れませんでした。もう一度お願いします。

❏ 042 ここはどこ？

❏ 043 どこまでやりましたっけ？

❏ 044 趣味は何？

❏ 045 むかしは東京にも緑がたくさんあった。

❏ 046 どちらにお勤めですか？

❏ 047 たぶん（そうします）。

❏ 048 〔取引先から仕事の依頼をされて〕難しいです。

❏ 049 〔友人宅でコーヒーを勧められて〕ごめんなさい。コーヒーは苦手なんです。

❏ 050 わたしたち日本人は働き者です。

❏ 051 一般的に日本人は働き者です。

❏ 052 〔そばにいる妻を指さして〕彼女（ヨーコ）はテニスが上手なんです。

❏ 053 〔コンビニの店員さんに〕日焼け止めは置いてあります

❏ 054 〔電車の中で席を譲られて〕どうもすみません。

❏ 055 注文したスーツを受け取りに来ました。

❏ 056 日本語は話せますか？

❏ 057 ベストを尽くします。

❏ 058 パリに行ってみたいと思います。

# 第3章

# 「語法」の混同

Mistake!

# 059. 〈Do you know ...?〉の思い違い

**織田信長を知ってる?**
**✗ Do you *know* Oda Nobunaga?**

　ある人と知り合いかどうかをたずねる場合、ふつう次のように切りだします。

☑ **A:** Do you *know* Mr. Suzuki from Toyota?
　　（トヨタの鈴木さんとはお知り合いですか?）
　**B:** Yes, I *have known* him for ten years.
　　（ええ、10年来の知り合いです）

　ところが、**ある著名人を話題にだして、「～を知っていますか?」**という場合も、多くの学習者は "Do you know ...?" で始めてしまいます。

☑ **A:** Do you *know* Oda Nobunaga?
　　（織田信長と知り合い?）
　**B:** Of course not. He's been dead for more than 400 years.
　　（いいや。だって彼は400年以上も前に死んでいるんだから）

　ここまで見たように、**Do you know ...? は「……と知り合いですか?」**とか「**……に会って話したことがありますか?**」という意味にとられるので、有名人の場合は次のようにたずねるのがふつうです。

○ Do you *know of* [*about*] Oda Nobunaga?
（織田信長を知ってる？）
　　▶ know of A「A の存在について知っている」
　　　know about A「A について（わりとよく）知っている」

　歴史上の人物を知っているかどうかをたずねるときの決まり文句のひとつです。次もよく使うフレーズです。

○ Have you (ever) *heard of* Oda Nobunaga?
（織田信長を知ってる？）

　直訳すれば、「（これまでに）織田信長**という名を耳にしたことがありますか?**」になります。
　あるいはまた、次のようにたずねることもあります。

○ Do you *know who* Oda Nobunaga *is*?
（織田信長を知ってる？）

　このように、「織田信長という人物のことを知っていますか?」とたずねてもいいでしょう。
　これら3つが「（ある著名人）を知っていますか?」という日本語にもっとも近い英語表現になります。

---

**織田信長を知ってる？**
○ **Do you *know of* [*about*] Oda Nobunaga?**
○ **Have you (*ever*) *heard of* Oda Nobunaga?**
○ **Do you *know who* Oda Nobunaga *is*?**

Mistake!

# 060. 〈know〉と〈well〉の意外な相性

**彼女は日本のことをよく知っている。**
✗ She knows about Japan *well*.

　動詞 **"know"** と副詞の関係について考えてみましょう。

　"know" の目的語に注目して、以下に掲げた2つの英文をごらんください。

O I know Yoko *well*.
　（ヨーコのことならよく知っている）
✗ I know Yoko's background *well*.
　（ヨーコの生い立ちならよく知っている）

　〈**know＋人＋well**〉とはできるのですが、〈**know＋事柄＋well**〉とはできないのです。残念ながら、このことを知っている学習者はごくわずかです。

〈know ＋人＋ well〉のパターン
● know＋人　☞「(人) を知っている / (人) とは知り合いだ」
● know＋人 ＋ well　☞「(人) をよく知っている」

　では、次の2つの英文をごらんください。

O She knows *a lot* about Japan.
　（彼女は日本のことをよく知っている）
✗ She knows about Japan *well*.

ある〈事柄〉について「よく知っている」のなら、〈**know a lot about** ＋事柄〉という言いまわしを使います。

〈know about ＋事柄〉のパターン
● know about ＋事柄 ☞「(事柄) を知っている」
● know a lot about ＋事柄 ☞「(事柄) をよく知っている」

肯定の平叙文では **a lot** (たくさんのこと) を用いるのです。
「あまりよく知らない」のなら、以下のように言いあらわします。

☑ She *doesn't* know *much* about Japan.
（彼女は日本のことをあまりよく知らない）

このように、**not ～ much** (あまり～ない) とするのです。
「まったく知らない」のであれば、**nothing / not ～ anything** (何も～ない) を用います。

☑ She knows *nothing* about Japan.
（彼女は日本についてはまったく何も知らない）
＝ She *doesn't* know *anything* about Japan.

**彼女は日本のことをよく知っている。**
○ **She knows *a lot about* Japan.**

## Mistake!

# 061. なかなか定着しない〈say〉の用法

> そのタトゥー、何て書いてあるの？
> **?** What *is written* on your Tattoo?

　旅行をしていると、意味のわからない sign（標識・掲示・看板）に出くわします。そんなとき、「あの標識には何と書いてあるの？」とそばにいる人にたずねたくなります。これを英語でいうと、どうなるでしょうか。

**?** What *is written* on that sign?

　このようにいってしまう学習者が多いように思われます。「あの標識には何が書かれているのですか？」と頭の中で作文してしまうのです。文法的には正しく、いおうとしていることも伝わります。しかし、ネイティヴ・スピーカーがこのようにいうことはまずありません。

☑ What does that sign *say*?

　こうしたとき、英語母語話者は "say" という動詞を使います。文字どおり、「あの標識は何といっているの？」と発想するわけです。
　**"say"** は「......と書いてある / ......と述べている」という意味で使われています。**標識や看板だけでなく、本、手紙、時計、メール、ラベル、車のバンパーなどを主語にして用いることもできます。**

☑ The book *says* gasoline cars will disappear in 20 years.
　（その本によると、20年後にはガソリン車が消えるそうだ）

☑ The sign *says*, "No Entry."
（標識には「立ち入り禁止」と書いてある）

☑ My watch *says* it's 7:10. He's late.
（私の時計だと、もう7時10分よ。彼、遅いわね）

☑ His text *says* he'll be 10 minutes late.
（携帯メールによると、彼、10分遅刻するって）

☑ The website doesn't *say* how much it costs.
（ネットには金額が書かれていない）

☑ The label *says* to take two pills every five hours.
（ラベルには、5時間おきに2錠服用するようにと書いてある）

☑ The bumper sticker *said*, "If you can read this, you're too close."
（バンパーには、「これが読めたら、近づきすぎ」って書かれていた）

もちろん、タトゥーを主語にとることもあります。

☑ **A:** What does your tattoo *say*?
（そのタトゥー、何て書いてあるの？）
　**B:** It *says* "freedom" in kanji.
（漢字で「自由」と書いてあるんだ）

　使いこなしている人はあまりいませんが、慣れるとたいへん使い勝手のよい言いまわしとなるはずです。

**そのタトゥー、何て書いてあるの？**
〇 **What does your tattoo *say*?**

Mistake!

# 062. 〈help〉の思い込み

**ソファを動かすのを彼に手伝ってもらった。**
**✘ I was helped by him *move* the sofa.**

"help" という動詞を使って、「掃除を手伝いましょうか?」という英文をつくっていただきましょう。

✘ Do you want me to *help* the cleaning?

このように "help" の目的語に「コト」を置くことはできません。

○ Do you want me to *help* you with the cleaning?

英語の論理では、**help**(手伝う)の目的語は人間でなければならないのです。この〈**with A**〉は、in respect of A(A に関して)の意味で使われています。

また、「~が......するのを手伝う」では、"help" の後ろに to不定詞と原形不定詞のどちらを使うのでしょうか。

☑ Help me (*to*) *move* the sofa.
（ソファを動かすのを手伝って）

学習参考書には「"to" を省略することもある」との記述がありますが、2人のインフォーマント(いずれもアメリカ人)は「一度も "to" を使ったことがない」とし、「"to" を省略することもあるのではなく、省略するのがふつう」と述べています。

　いっぽう、「イギリス英語ではどちらも使われる」との指摘があ
りますが、この数年のコーパス研究を見ると、イギリス英語におい
ても「省略するのがふつう」のほうへ傾いてきているようです。

☑ He helped me *move* the sofa.
　（ソファを動かすのを彼は手伝ってくれた）

　では、"help" を受動態で用いた場合はどうでしょうか。「ソファ
を動かすのを彼に手伝ってもらった」を次のように言いあらわすこ
とができるのでしょうか。

✖ I was helped by him move the sofa.

　どこがおかしいのでしょうか。

〇 I was helped by him *to* move the sofa.

　このようにしなければならないのです。**"help" の受動態**では、
原形不定詞を後続させることはなく、**必ず to不定詞を伴う**のです。
　次のように、"〜ing" でつなげることもできません。

✖ I was helped by him *moving* the sofa.

---

　　**ソファを動かすのを彼に手伝ってもらった。**
〇 **He helped me *move* the sofa.**
〇 **I was helped by him *to move* the sofa.**

**Mistake!**

# 063. 〈become to do〉というミステイク

> どうやって彼女と知り合いになったの?
> ✘ How did you *become to* know her?

「ある状態から他の状態に変化する」というのが、**become**（〜になる）です。

☑ He *became* a vet.
　（彼は獣医になった）
☑ She *became* famous overnight.
　（彼女は一夜にして有名になった）

　注目すべき点は、上の文では〈He = a vet〉という関係が、下の文では〈She = famous〉という関係がそれぞれ成り立っているということです。しかし、学習者の多くは "become" を「〜になる」と覚えてしまうので、「〜するようになる」を become to do(×) とやってしまいます。

✘ How did you *become to* know her?

　上の文の場合、〈you = to know her〉にはなりません。よって、become to do とはできないのです。
　また、〈become = come to be〉であるという認識が英語母語話者にはあり、〈become + to do〉は〈come to be + to do〉となってしまい、to 不定詞がだぶってしまうので、"become" の後ろに to 不定詞を置くという発想がそもそもないのです。

　「(自然に / 偶然に) ～するようになる」は、〈**come to do**〉という表現を使います。

○ How did you *come to* know her?
　（どうやって彼女と知り合いになったの？）

　come to の後ろには、know (知っている) / love (愛する) / like (気に入る) / believe (信じる) / trust (信用する) / regard (みなす) / doubt (疑う) など、**知覚や感情をあらわす状態動詞**を置きます。

☑ In time, she *came to* <u>love</u> him.
　（やがて彼女は彼を愛するようになった）
☑ You'll *come to* <u>like</u> this place soon.
　（じきにこの地が好きになりますよ）

　自然のなりゆきで「～するようになる」は〈come to do〉ですが、**学習して「～できるようになる」は〈learn (how) to do〉を使います**。

☑ Most children *learn to* speak in four years.
　（たいていの子どもは4年で言葉を話せるようになる）

　言語・楽器・技術を学んで「～するようになる」は〈learn (how) to do〉を使うと覚えておくとよいでしょう。

---

**どうやって彼女と知り合いになったの？**
○ **How did you *come to* know her?**

## Mistake!

# 064. 「～させる」の混同

> 娘に部屋の掃除をさせた。
> ✗ I *let* my daughter clean up her room.

〈**let O do**〉は、相手の意思を尊重して「望みどおりに～させる」です。したがって、上の文は「(部屋の掃除をしたがっている)娘に部屋を掃除する許可を与えた」という意味になってしまいます。

**頼みさえすれば当然してもらえるという状況**(たとえば上位者が下位者に指示をだすようなとき/客がサーヴィスを依頼するようなとき)における「～させる」は〈**have O do**〉を用います。

○ I *had* my daughter *clean* up her room.

「～させる」や「～してもらう」の考え方と用法を以下にまとめておきます。学習者はとくに (3) と (4) を使いこなせていないようです。

**(1) make O do**「(相手の意思を無視して)無理やり～させる」〈強制〉

☑ Ohta-sensei *made* me *run* around the playground ten times.
　(太田先生にグラウンド10周させられた)

次のように、「図らずも～させられる」の意味で用いられることもあります。

☑ You *make* me *laugh*.
　(笑わせてくれるじゃないか)

この表現は Don't make me laugh. (ヘソが茶を沸かすとはこのことだ) の意味で用いられることもあります。

(2) let O do 「(意思を尊重して) 望みどおりに～させる」〈許可・容認〉

☑ Meg wouldn't *let* me *kiss* her.
（メグはどうしてもキスさせてくれなかった）

(3) have O do 「(職務や立場を考えて) 当然～させる」〈義務・当然〉

☑ I'll *have* the bellboy *take* up your bags.
（荷物はベルボーイに運ばせます）
☑ He *had* his son *come* and *pick* me up.
（彼は息子に車で迎えに来させた）

頼みさえすれば、当然してもらえるという状況で「～させる /～してもらう」は〈have O do〉を用います。

(4) get O to do 「頼んで～させる」〈依頼・説得〉

☑ I *got* Mom *to help* me make cookies.
（ママにケーキをつくるのを手伝ってもらった）
☑ *Get* him *to gargle*.
（うがいをするように彼に言って）

〈get O to do〉は「O に説得や依頼などのはたらきかけをして～するような状況 (to do) に導く」と考えられています。

---

**娘に部屋の掃除をさせた。**
○ I *had* my daughter clean up her room.

Mistake!
# 065. 被害をあらわす〈have O done〉の誤用

> **ローマでパスポートを盗まれてしまった**
> ✗ *I was stolen my passport* in Rome.

　学習者がよくやるミスがこれです。

　steal（こっそり盗む）は二重目的語をとる動詞ではないので、受動態（be stolen）になった場合、後ろに名詞が残ることはありません。さらにいうと、I was stolen の対訳は「私（の体）がこっそり盗まれた」になってしまいます。

〇 <u>My passport</u> *was stolen* in Rome.
　　（ローマでパスポートを盗まれてしまった）

　このように、私のパスポート（my passport）を主語にして、受動態の文をつくれば OK です。

　しかし、英語母語話者は、**自分がなんらかの被害を受けたと感じたときは「私」を主語にして、次のように言いあらわそうとします。**

〇 <u>I</u> *had* my passport *stolen* in Rome.
　　（ローマでパスポートを盗まれてしまった）

　このように、〈**have O done**〉を用いるのです。

　"have" はもともと「持っている」ですが、この構文では「状況をもつ / 経験する」という意味で用いられています。

　上の文の場合、「パスポートを盗まれるという状況をもった→パスポートを盗まれてしまった」と考えることができます。

　つまり、〈have O done〉は、

　　「O が〜される状況を持つ」
　　⇨「O を〜される / O が〜される目にあう」

になるのです。O と done は**受動関係**（「O が〜される」という関係）にあります。

　以下に、**被害をあらわす〈have O done〉**を用いた英文を掲げておきます。ごらんください。

☑ She *had* her passport *stolen* by a monkey in Bali.
　（彼女はバリでパスポートを盗まれた）
☑ I *had* my car *stolen* last night.
　（昨夜、車を盗まれた）
☑ I *had* my pocket *picked* on the bus.
　（バスの中でスリにあった）
　▶ pick one's pocket「ポケットの中身を盗む」
☑ I *had* my laptop *broken* by somebody.
　（誰かにラップトップを壊されてしまった）

**ローマでパスポートを盗まれてしまった。**
○ *My passport was stolen* in Rome.
○ *I had my passport stolen* in Rome.

Mistake!

# 066. 〈have O done〉と〈get O done〉の違い

> **バレーボールをやっているときに、右手首を骨折してしまった。**
>
> **?** I *had* my right wrist broken while I was playing volleyball.

　被害をあらわす表現に〈**have O done**〉があることを065で述べました。〈have O done〉は主として、**被害や迷惑をこうむって、「～される」**という場合に用いられます。

☑ She *had* her skateboard *stolen* from the garage.
（彼女はガレージからスケボーを盗まれた）

　〈**get O done**〉もまた〈**被害**〉をあらわすことができます。

☑ Be careful not to *get* your fingers *caught* in the door.
（ドアに指をはさまれないように気をつけてね）

　〈get O done〉は、〈have O done〉と何が違うのでしょうか。
　〈get O done〉は、所有物や身体の一部が「～される」という意味の場合が多く、**偶発的な事故による被害や迷惑について言及するときによく使われます。また、「自分にも責任がある」と感じているときに用いる**という特徴があります。
　では、「あそこの駐輪場で自転車を盗まれてしまった」を英文にしてみましょう。

○ I *had* my bike *stolen* from the parking lot over there.

**?** I *got* my bike *stolen* from the parking lot over there.

　〈get O done〉を用いた英文が不自然なのは、**主語が起こったことに「責任」**(**responsibility**) があることを暗示してしまうからです。駐輪場においた自転車が盗まれたことに私の責任があるとは考えにくいものです。そこで〈have O done〉を用いた文が適格とされるというわけです。
　問題文に戻ります。バレーボールで右手首を骨折したのは不注意による過失 (事故) です。そして、自分にも「責任」があったのです。

**O** I *got* my right wrist *broken* <u>while he was playing volleyball</u>.

　〈get O done〉の "done" には**制御不可能な内容**がくると考えることもできます。どうやら、〈get O done〉は過失 (事故) を半ば自己責任と捉えているようです。
　では、単に「自転車を盗まれた」という場合はどちらを使ったらいいのでしょうか。もちろん、被害をこうむったわけですから、

**☑** I *had* my bike *stolen*.

とすることもできますが、自分にも過失があると話者が考えているのなら、次のようにいうこともできます。

**☑** I *got* my bike *stolen*.

> **バレーボールをやっているときに、右手首を骨折してしまった。**
> **O** I *got* my right wrist broken while I was playing volleyball.

Mistake!

# 067. 〈let O done〉は可能か

> クイーンを取られないようにな。取られたら、チェスの試合では負けだ。
>
> ✗ Don't let your Queen *captured*. If you do, you are going to lose the chess match.

　"let" について述べるまえに、まず "make" を使った次の問題を解いていただきましょう。空所にはどれが入るでしょうか。訳は「その決定が満足のゆくものではないことを彼は表明した」です。

> He made it (　　　　　) that he was not happy with the decision.
>
> 　① know　　② knowing　　③ be known　　④ known

　正解は④です。
　形式目的語 (it) と補語の関係は受け身の関係 (make O known「知られるようにした」) にあることから、④を選ばなくてはなりません。
　では、次に "let" の問題です。英文は「クイーンを取られないようにな。取られたら、チェスの試合では負けだ」という意味です。

> Don't let your Queen (　　　　　). If you do, you are going to lose the chess match.
>
> 　① be captured　　② capture
> 　③ captured　　　④ to be captured　　　　　　(京都産業大)

　正解は①です。
　目的語 (your Queen) と補語の関係は受け身の関係 (「取られる」)

にあるためです。

　しかし、これを解いた大学受験生の多くは自信をもって③を解答としました。

　なぜ③が誤りなのでしょうか。〈let O done〉としてはいけないのでしょうか。

　そう、"let" だけが、第5文型 (SVOC) をとる他の動詞とは違い、〈let O done〉とはならず、be 動詞の原形を残して〈**let O be done**〉としなければならないのです（〈**let O get done**〉も可能です）。

✘ During your speech, don't *let* yourself *distracted* by latecomers.

○ During your speech, don't *let* yourself *be* [*get*] *distracted* by latecomers.

　（スピーチをしているときは、遅刻者に気をとられないようにしなさい）

　一見すると、見過ごしてしまいがちですが、〈let O done〉ではなく、〈let O be done〉としなければならないのです。

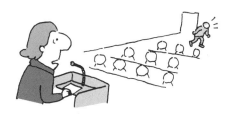

**クイーンを取られないようにな。取られたら、チェスの試合では負けだ。**

○ **Don't let your Queen** *be* [*get*] *captured*. **If you do, you are going to lose the chess match.**

## Mistake!

# 068. 食べ物が「合わない」の表現

**牛乳は体質的に合いません。**
**✗ Milk doesn't *go with* me.**

食べ物や飲み物が自分の体に「**合わない**」ことを伝えてみましょう。「牛乳がダメなんですよ」を、

✗ Milk doesn't *go with* me.
✗ Milk doesn't *match* me.

とすることはできません。

**go with / match** は、色・模様・味などが「互いに調和している」の意味です。

☑ White wine *goes* well *with* fish.
（白ワインは魚料理に合うね）
☑ Your jacket *matches* your skirt.
（そのジャケット、そのスカートに合ってるよ）

このようにモノとモノの組み合わせが「合っている」ときに使うのです。

**食べ物や飲み物が自分（の体）に「合う」**は、**agree**（一致する）という動詞を使います。

◯ Milk *doesn't agree with* me.
（牛乳は体質的に合いません）

　「合わない」場合は、**disagree**（合わない／害になる）を使うことも
ありますが、かしこまった感じがするため、ふだんの会話では **"not
agree"** を使うのがふつうです。

☑ Seafood really *doesn't agree with* me.　〔口語的表現〕
= Seafood really *disagrees with* me.
　（シーフードはまったくダメなんです）

　こんどは会話文でお見せしましょう。

☑ **A:** Don't put garlic in!
　　（ニンニクは入れないで！）
　**B:** Why not?
　　（どうして？）
　**A:** It *doesn't agree with* me.
　　（私、ニンニクがダメなの）

　このように **"not agree"** を使うのが口語的なのです。
　また、飲食物だけでなく、**気候や薬**などを主語にすることもあり
ます。

☑ Cold weather *doesn't agree with* me.
　（寒いのはダメなんだ）
☑ I told my doctor that the medicine *didn't agree with* me.
　（薬が体に合わないと医者に伝えました）

---

**牛乳は体質的に合いません。**

○ **Milk doesn't *agree with* me.**

# 069. 「叱る」の不自然

> きょう学校の先生に叱られちゃった。
> ? I was *scolded* by the teacher today.

　「叱る」ときたら、学習者の頭には "scold" という単語が浮かぶようです。大学受験には欠かせぬ単語であり、それゆえ学校英語では "重要単語" とみなされています。

　しかし、"scold" は「お灸（きゅう）をすえる / 小言をいう / 懲らしめる / がみがみいう」というニュアンスがあり、ずいぶん古めかしく聞こえます。「もはや古い小説の中でしか見いだせない」という指摘があるほどです。あるインフォーマント（アメリカ人）によれば、「めったに聞くことことがないし、一度も言ったことがない」そうです。

O The teacher *yelled at* me today.
　（きょう学校の先生に叱られちゃった）

　"scold" の代わりに使われているのが **yell**（大きな声でどなる / わめく）です。この単語を使えば、「叱る」のニュアンスをだすことができます。ただし、**yell** は自動詞で、叱る対象には前置詞 "at" を用います。

　また、わたしたち日本人は「叱られた」と受動態であらわそうとしますが、英語では「○○が叱った」と**能動態**で言いあらわそうとします。

☑ The manager *yelled at* the players.
　（監督は選手を大声で叱った）

親に「叱られる」ときも、この単語を使います。

☑ My mom *yelled at* me for making a mess.
（部屋を散らかしていたので、ママに叱られちゃった）
▶ make a mess「（部屋などを）散らかす」

とはいえ、先生や親がいつも「大きな声でどなる」(yell) とは限りません。**冷静に**「**叱る**」こともあれば、**やさしく**「**叱る**」こともあるでしょう。そんなとき、ネイティヴ・スピーカーがよく使っているのは次のような言いまわしです。

O I *got in trouble* in class today.

"get into trouble" は「困ったことになる / 窮地に陥る」ですが、**"get in trouble"** は「**叱られる**」というニュアンスで用いられるのです。どのインフォーマントにたずねても、「この表現がいちばんいい」といいます。

☑ If I am late, I'll *get in trouble*.
（遅刻したら、叱られちゃう）

日本人のいう「叱られる」は、英語の「困ったことになる」という発想と結びついていることを覚えてください。

---

**きょう学校の先生に叱られちゃった。**
O The teacher *yelled at* me today.
O I *got in trouble* in class today.

Mistake!

# 070. 〈challenge〉の勘違い

**今年は何か新しいことにチャレンジしたいです。**
✘ I want to *challenge* something new this year.

"**challenge**" の中核的意味は、権威や強者の決定などに「(疑念を抱いて)異議を唱える」です。

☑ She *challenged* her boss's decision.
（彼女は上司の決定に異議を唱えた）

強い相手に試合を申し込んだり、**論争や決闘を「挑む」**というときにも用います。

☑ The candidate *challenged* his opponent to a debate.
（その候補者は、対立候補に論争を挑んだ）
　▶ challenge A to B「A に B を挑む」

しかし、日本語のようにモノやコトに「チャレンジする」というときには使いません。

✘ I want to *challenge* <u>something</u> new this year.

では、人(主語)が難事(目的語)に「挑む / チャレンジする」ときには何を使ったらいいのでしょうか。
英語ではそうしたとき、"**try**" という動詞を使って表現しようとします。したがって、問題文は、

☑ I want to *try* something new this year.
（今年は何か新しいことにチャレンジしたいです）

とすれば、いいたいことが伝わります。
　次の会話文をお読みください。

☑ **A:** I've decided to *try* a triathlon.
（トライアスロンにチャレンジすることにしたの）
　**B:** That's great!
（すごいね！）
　**A:** I'm not good at swimming, so it'll be *a real challenge*.
（泳ぐのは得意じゃないので、それが課題なんだけどね）

　最後の文で、A が "challenge" という名詞を使っていますが、これは「(困難だが) やりがいのあること / (挑戦に値する) 課題」という意味です。

今年は何か新しいことにチャレンジしたいです。
○ **I want to *try* something new this year.**

**Mistake!**

# 071. まぎらわしい〈hope〉と〈wish〉

**いつか英語がうまく話せるようになりたい。**
✖ **I hope I *could* speak English well someday.**

"**hope**" も "**wish**" も「願望」をあらわすという点においてはよく似ています。しかし、決定的に異なる点があります。

● hope ☞ 「(実現可能なことを) 期待する /
　　　　　　　(実現可能なことを) 希望する」

● wish ☞ 「(実現できそうもないことを) 望む /
　　　　　　　(事実に反することを) 願望する」

したがって、後ろに続く節では、"**wish**" は**仮定法の文**を導きます。

(1) I *hope* I *can* speak English well.
(2) I *wish* I *could* speak English well.

これらが正しい文です。 "hope" では "can" を使い、"wish " では "could" を使わなくてはなりません。その逆はありません。

しかし、"hope" を使った (1) の文は「英語がうまく話せるように努力しよう」という気持ちがあるのに対し、"wish" を使った (2) の文は「英語がうまく話せるようになりたいという夢はあるものの、本気で実現させようとは思っていない」というニュアンスがあります。ここを見抜かなくてはなりません。したがって、本気で「英語がうまく話せるようになりたい」のなら、"hope" を使っていうべきです。

"hope" をめぐっては、もうひとつまぎらわしい点があります。たとえば、贈り物を手渡して、

☑ I hope you *like* it.
　（気に入ってくれるといいんだけど）

と動詞の現在形を使うこともあれば、

☑ I hope you *will like* it.

のように "will" を入れることもあります。
　動詞の**現在形**は〈**確定した未来**〉を示すことから、現在形は確信
をあらわし、**"will"** は**確信のなさ**をあらわします。"I hope you
like it." と "I hope you will like it." とでは大きな違いがありませ
んが、下に掲げた文では、動詞の現在形を使うことが多いようです。

☑ I hope you *get* well very soon.
　（すぐに元気になりますよ）

　なぜでしょうか。口語では現在時制が好まれるという傾向がある
ものの、動詞の現在形を用いることが話者の強い願望をあらわし、
そのことが相手を励ましたり気遣う表現になるからです。
　遠い定かではない未来のことや確信のおけない将来は、

☑ I hope one day things *will change*.
　（いつか事態が変わることを願っています）

のように "will" を入れる傾向があります。

**いつか英語がうまく話せるようになりたい。**
○ **I hope I *can* speak English well someday.**

**Mistake!**

# 072. 〈few〉と〈a few〉の違いを強調するけれど……

**彼女には友だちがほとんどいない。**
**? She has *few* friends.**

"few" は数が少ないことをあらわし、「ほとんどない」という否定的な意味をもちます。いっぽう、〈**a few**〉は数が「**少しはある**」という肯定的な意味で用いられます。ともに数えられる名詞（複数形）の前に置きます。大切なのは「絶対数の違いではなくて、その数を話し手がどう捉えるかによる」……このような説明を学校でくりかえし聞いてきたのではないでしょうか。

しかし、英語母語話者にとっても、冠詞の "a" がついているかどうかは聞き取りづらいもので、「話し言葉ではこれらの表現を避ける傾向がある」と指摘する人もいます。別のインフォーマントによれば、「とくに日本人の場合、She has を〔シー・ハズア……〕といってしまうことが多く、この〔ア〕の音がいっそう混乱させる」そうです。

そこで、ネイティヴ・スピーカーは次のような言い方をします。

○ She has *only a few* friends.
○ She *doesn't* have *many* friends.

**only a few**（ごくわずかの）にしたり、否定語を入れて **not many**（あまり～ない）とすれば、聞き違いによる誤解がなくなるので、あえてこのようにいうのです。

このことは量をあらわす **little**（ほとんどない）と **a little**（少しはある）についてもあてはまります。

「残り時間がない」は話し言葉で用いられる表現ですが、

**?** There's *little* time left.

というよりも、

**O** There's *only a little* time left.
**O** There *isn't much* time left.

と、**only a little** や **not much** を用いていうことのほうが圧倒的
に多いのです。
　「ボトルにはウィスキーがほとんどない」も同様です。

☑ *Little* whisky is left in the bottle.

と書きあらわすことができるのですが、話し言葉では、

☑ *Only a little* whisky is left in the bottle.
☑ There is *hardly any* whisky in the bottle.

ということのほうが多いのです。

**彼女には友だちがほとんどいない。**
**O** She has *only a few* friends.
**O** She *doesn't* have *many* friends.

# 073. 〈be willing to do〉の不適切

**彼女はいつも快く私たちを助けてくれた。**
✗ **She was always _willing_ to help us.**

名詞の "**will**" は「意志 (力)」(可算名詞) という意味です。

☑ Where there's _a will_, there's a way.
（意志のあるところに道はある）

☑ Politicians need to have _a strong will_.
（政治家は強い意志をもつ必要がある）

この名詞の連想から、形容詞の "**willing**" も「前向きな意志がある」ととられがちですが、"**be willing to do**" にはそうした積極的な意味合いはなく、むしろ**消極的な色彩**を帯びています。

☑ I'm _willing to_ help you if you admit you need help.
（あなたが援助を必要としているのであれば、手を貸してあげてもいい）

つまり、「助力してやらないことはない / 助けてあげてもいい」というニュアンスなのです。「**(必要なことや頼まれたことを) するのにべつだん異存はない**」というときに使うのです。

☑ Ken _is willing to_ come to the meeting.
（ケンは会議に出てもいいといっている）

もし英語母語話者がこの文を耳にしたら、「ケンは会議に出るの

をべつだん嫌がってはない」というニュアンスで解釈するはずです。「ケンはぜひ会議に出たいといっている」というふうにはけっして捉えないのです。

すなわち "be willing to do" は「喜んで〜する」とか「すすんで〜する」という "能動的積極性" をもっているのではなく、「**〜するのもやぶさかではない**」または「**〜してもかまわない**」という "**受動的積極性**" をもった言いまわしなのです。

"be willing to do" の代わりに **be ready to do**（すすんで〜する /快く〜する）を使えば、**能動的積極性**を示すことができます。

したがって、「彼女はいつも快く私たちを助けてくれた」は、

✘ She was always *willing* to help us.

ではなく、

○ She was always *ready* to help us.

とすべきです。

---

**彼女はいつも快く私たちを助けてくれた。**
○ She was always *ready* to help us.

Mistake!

# 074. 〈mind my 〜ing〉の意味するところ

**タバコを吸ってもよろしいですか?**
**? Do you mind *my* [*me*] smoking?**

　高校生になると、**mind**（いやがる）は動名詞（〜ing）を目的語にとり、to不定詞（to do）を目的語にとらないということを学びます。そして、動名詞の意味上の主語は、動名詞の前に所有格形もしくは目的格形を置くのだと習います（口語英語では、所有格形よりも目的格形のほうがよく使われています）。

　　　Do you mind *my smoking*?
　= Do you mind *me smoking*?
　= Do you mind *if I smoke*?

　上の3つの英文をこのようにイコールで結んだ参考書がたくさんありますが、今後は改める必要がありそうです。
　なぜでしょうか。

**?** Do you mind *my* [*me*] smoking?
　（このままタバコを吸っていてもいいですか?）

　この英文は「タバコを吸ってもかまいませんか?」と訳されることが多いのですが、厳密にいうと、「このままタバコを吸っていてもいいですか?」であり、すでにタバコを吸っていたり、いつもタバコを吸っている事実があることを含意しています（文脈にもよりますが、意味上の主語をもった動名詞は現在の「事実」をあらわすことが多いのです）。

　しかし、まだタバコを吸っていなくて、喫煙の許可を求めるなら、「私がタバコを吸ったら、あなたはいやがりますか?」とたずねるべきです。

○ Do you mind *if I smoke?*
　（タバコを吸ってもいいですか?）

　この文の意味するところは、I'm about to smoke. I want to know if it will bother you if I smoke? （タバコを吸おうと思っていますが、私がタバコを吸ったら、それがご迷惑かどうかを知りたい）です。
　〈**Do you mind if I ...?**〉という構文から読み取らなくてはならないのは、**その行為はまだなされていない**ということです。

☑ **A:** Do you mind *if I sit here?*
　　（ここに座ってもいいですか?）
　**B:** Of course not. Go right ahead.
　　（ええ、どうぞ）

　口語では〈Do you〉の部分を省略することがあります。

☑ **A:** *Mind* if I join you?
　　（私も加わってもいい?）
　**B:** Sure. Have a sesat.
　　（もちろん。座って）

---

**タバコを吸ってもよろしいですか?**
○ **Do you mind *if I smoke*?**

**Mistake!**

# 075. 〈okay / OK〉の勘違い

**あなたはそれでいいですか?**
✖ *Are you* okay?

　ある条件を提示されて、「あなたはそれでいいですか?」という場合、

✖ *Are you* okay?

といってしまう学習者が驚くほどたくさんいます。**"Are you okay?"** はどんなときに使うのでしょうか。
　誰かがころんで倒れたときや交通事故にあったとき、次のような会話をよく耳にします。

☑ **A:** Ouch!
　　（痛っ!）
　**B:** *Are you okay?*
　　（大丈夫?）
　**A:** I'm okay.
　　（大丈夫です）

　人を主語にした okay / OK / all right / alright は、その人に「異状がない」ことや、その人が「無事である」ことをあらわします。

☑ **A:** Barbara had a car accident this morning.
　　（バーバラが今朝、自動車事故にあったの）
　**B:** What? *Is she okay?*
　　（何だって? で、大丈夫なの?）

人を主語にしていることに注目してください。

では、「**さしつかえない**」という意味での「大丈夫」はどう言いあらわしたらいいのでしょうか。

☑ **A:** I'd like to reschedule today's meeting. *Is that* okay?
    (きょうの会議を別日に設定したいのですが、よろしいですか?)
 **B:** Sure. When is good for you?
    (いいですよ。いつなら都合がいいですか?)

☑ **A:** Henry wants to move the meeting to Monday.
    (ヘンリーが会議を月曜日にしたいと言っているんだけど)
 **B:** If *it's* OK with you, *it's* okay with me.
    (きみがいいのなら、ぼくもいいよ)

**人を主語にしない**のがこの構文の特徴です。

☑ *That's* okay (with me).
    (私はそれでかまいません)
 = *It's* okay (with me).

後ろに **with me**(私に関しては)をつければ丁寧に聞こえます。

**あなたはそれでいいですか?**
○ *Is that* okay (**with you**)?
○ *Is it* okay (**with you**)?

Mistake!

# 076. 〈nervous〉の誤用

**彼女は神経質だ。**
**? She's _nervous_.**

「彼女は神経質だ」を英訳してもらうと、「神経質な＝nervous」という連想から、多くの学習者は次のように書きます。

**?** She's _nervous_.

日本語の「神経質」はその人の恒常的な性格を指すことが多いのですが、後ろに名詞を持たない英語の **"nervous" は一時的に緊張した状態**をいいます。つまり、上の英文は「彼女は (恒常的に) 神経質だ」ではなく、「彼女はいま (一時的に) 緊張している」という意味なのです。

**☑ A:** Are you _nervous_?
　　（緊張しているの？）
　**B:** No. I'm just hungry.
　　（ぜんぜん。お腹がすいているだけ）

では、「彼女は神経質だ」はどうあらわしたらいいのでしょうか。

**○** She is _the nervous type_.

このようにいえば、恒常的に「神経質である」を伝えることができます。**the ～ type**（～なタイプ）で、**その人の性質**をあらわすことができるのです。

☑ Mark is *the laid-back type.*
　（マークはのんびりした性格だ）

☑ Ann is *the quiet type.*
　（アンはもの静かな人だ）

☑ Tim is *the jealous type.*
　（ティムは嫉妬深い人間だ）

☑ Judy is *the social type.*
　（ジュディは社交的な人だ）

☑ Roy is *the cheating type.*
　（ロイは浮気するタイプだ）

あるいは、次のようにいうこともあります。

〇 She is *a nervous woman.*

〇 She is *a big worrier.*
　▶ worrier「心配性の人」

〇 She's *overly sensitive.*
　▶ overly「過度に／度を越して」
　▶ sensitive「(他人の言動などに) 感じやすい」(すぐに怒ったり泣いたりする人に対して用います)

---

**彼女は神経質だ。**
〇 She is *the nervous type.*
〇 She is *a nervous woman.*
〇 She is *a big worrier.*
〇 She's *overly sensitive*

Mistake!

# 077. 〈almost〉の誤用多発

> **ほとんどの赤ちゃんは夜泣きする。**
> ✗ *Almost* babies cry at night.

　このミステイクがひじょうに多い。それは、「ほとんどの＝ almost」と覚えているためです。重要なことは、**「almost ＝副詞」** との認識をもつことです。すなわち、**"almost"は名詞を直接、修飾できない**のです。

- ☑ I'm *almost* ready. 〈形容詞を修飾〉
  （ほぼ準備ができました）
- ☑ She is *almost* always late. 〈副詞を修飾〉
  （彼女はいつもといっていいほど遅刻する）
- ☑ I *almost* forgot. 〈動詞を修飾〉
  （忘れるところだった）

したがって、問題文は次のようにしなくてはなりません。

○ *Almost* all babies cry at night.

　副詞（almost）＋ all（形容詞）＋ babies（名詞）の語順になっていることに注目してください。
　しかし、次のような英文もあります。

- ☑ *Almost* nobody knows about it.
  （それについはほとんど誰も知らない）
- ☑ I get along with *almost* everyone.

（私は、ほとんどの人とうまくやっていける）

"nobody" や "everyone" という名詞を後ろに置いています。これは、every / no（形容詞）＋ one / body（名詞）という合成語であると考えられているためです。

以下の英文はどうでしょうか。

☑ It's *almost* a miracle that he survived. 〈名詞を修飾〉
（彼が生き残ったのは奇跡といってよい）

このように、**後ろにくる名詞**（miracle / king / children など、比喩的、象徴的、段階的な意味をもつ名詞が多い）の **"一歩手前"であることとを暗示して「〜に等しい／〜のようだ」の意味で用いられる**こともあります。

英語母語話者は "almost" という単語をどのように捉えているのでしょうか。まとめてみます。

（1）修飾する形容詞（数量詞を含む）・副詞・動詞の直前に置く。
（2）到達点 / 限界点の"一歩手前"と考えている。

なお、問題文は形容詞 **most**（たいていの）を使って、

O *Most* babies cry at night.

と言いあらわすこともできます

---

**ほとんどの赤ちゃんは夜泣きする。**
O *Almost all* babies cry at night.
O *Most* babies cry at night.

# 078. 〈still〉と否定語の語順

> バスがまだ来ないんだ。
> ✗ The bus has*n't* *still* come.

「まだ〜ない」という表現でおなじみなのは、中学生のころに習った〈**否定語＋yet**〉でしょう。

☑ The bus has*n't* come *yet*.
（バスがまだ来ない）

この例文に見えるように、**ある状態や段階に至っていないことを客観的に**〈否定語＋yet〉で言いあらわします。

いっぽう、"**still**" を使って表現すると、

○ The bus *still* has*n't* come.
（バスがまだ来ないんだ）

となります。語順に注目して、次の文をごらんください。

✗ The bus has*n't* *still* come.

とはできません。

　"still" を使う場合、2つのことに気をつける必要があります。ひとつは、**否定語がかならず "still" の後ろに置かれ、〈still＋否定語〉という語順になる**ということ。

　いまひとつは、**発話者の主観的な「イライラした気持ち」を漂わせることが多い**ということ。"still" は強意の表現で、とくに強調する必要がなければ、

☑ The bus has*n't* come.
　（バスが来ていない）

とします。

　以下、"still" を含んだ文を掲げておきますので、発話者の "イライラ" を感じとってください。

S

☑ After studying Japanese for six years, Richard *still* can't speak it very well.
　（日本語を6年も勉強しているのに、リチャードったらまだまともに話せないのよ）

☑ Ellen *still* has*n't* found out that they're taking advantage of her ignorance.
　（エレンは、彼らが彼女の無知につけこもうとしていることにまだ気づいていないんだ）

　言い方にもよりますが、これら2つの例文には「発話者の苛立つ感情」が立ちのぼっています。

　　バスがまだ来ないんだ。
○ The bus *still* has*n't* come.

# 079. 文頭の〈especially〉は可能か

> **イタリアが好き。とりわけイタリアの夏が。**
> ✘ *Especially* I love summer in Italy.

　日本人の書いた英文で目立つのは、センテンスの頭に **"especially"** を置いてしまうことです。情報を追加する意味をもち、「とくに / とりわけ」と対象を狭めていく役割があるので、"especially" は**文頭に置けない**のです。

○ I like all kinds of fruit, *especially* apples.
　（くだものは何でも好きです。とくにリンゴが好きです）
✘ *Especially* I like apples in all kinds of fruit.

○ I like her, *especially* her pretty voice.
　（彼女が好き。とくに可愛らしい声が）
✘ *Especially* I like her pretty voice.

　**主語のあとに続けることもあります。**

○ Everyone in my family likes music. My mother, *especially*, goes to as many concerts as she can.
　（うちの家族はみんな音楽が好きで、とくに母は機会さえあればコンサートに出かけます）
✘ Everyone in my family likes music. *Especially* my mother goes to as many concerts as she can.

　日本の大学で教鞭をとる友人（アメリカ人）は、同僚（日本人）の英

語論文を添削することが頻繁にあるそうですが、文頭に置かれた "especially" はてっとり早く **"in particular"** に書き直してしまう そうです。

✖ *Especially* this inclination became evident during the Edo period.
○ *In particular,* this inclination became evident during the Edo period.
○ This inclination *in particular* became evident during the Edo period.
（とくにこの傾向は江戸時代になると顕著になる）

"in particular" は文頭・文中・文尾、いずれにも置くことができる のです。

☑ **A:** What do you want to eat?
（何を食べたい？）
**B:** Oh, nothing *in particular*.
（とくにないよ）

イタリアが好き。とりわけイタリアの夏が。
○ I love Italy, *especially* in summer.

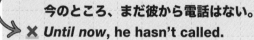

### Mistake!

# 080. 「今のところ〜ない」をどうあらわす?

**今のところ、まだ彼から電話はない。**
✖ *Until now*, he hasn't called.

"**until**" は継続する動作や状態の終点を示す前置詞で、「〜までずっと」を意味します。

☑ We are open *until* 9.
（うちは9時まで営業しています）

しかし、"**until**" を**否定文**で用いると、それ以上の内容を含意することになります。

☑ He did*n't* return *until* the summer of 2021.
（彼は2021年の夏まで戻らなかった）

このことの意味は「彼は2021年の夏になって戻ってきた」ということです。

☑ I've *never* drunk sake *until* now. It's pretty good!
（今まで日本酒を飲んだことがなかったけど、ホントおいしいわね!）

この文は「いま初めて日本酒を飲んだ」ということを意味しています。
というわけで、問題文の "✖" のついた英文は「これまで彼から連絡はなかったが、たった今、彼から連絡があった」と解されてし

まうのです。

　つまり、〈not＋until〉は、「ある時点まで〜ない」であり、「**ある時点になって（やっと）〜する**」を意味しているのです。

　「今のところ、まだ彼から連絡がない」は、**so far**（今までのところ / これまで）という表現を用いて言いあらわします。

○ *So far*, he hasn't called.

　こんどは会話文で見てみましょう。

☑ **A:** *So far* the weather has been great. I hope it stays like this.
　　（ずっといい天気だったわね。このまま続くといいんだけど）

　**B:** The weather forecast says it looks like rain starting the day after tomorrow.
　　（天気予報では、あさってから雨らしいよ）

☑ **A:** Have you heard from him?
　　（どう、彼から連絡あった？）

　**B:** I left a message to call me, but *so far*, he hasn't.
　　（電話をほしいとの伝言は残したけど、今のところまだ連絡がないんだ）

　このように **"so far"** は肯定文でも否定文でも用いられ、**動作や状態が今もなお続いている**ことを意味します。通例、継続をあらわす現在完了とともに、文頭あるいは文尾に置いて用いられます。

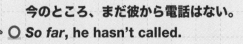

**今のところ、まだ彼から電話はない。**
○ *So far*, he hasn't called.

Mistake!

# 081. 〈Me too.〉の間違い

**A: I don't like coffee.**
　　（コーヒーがダメなんだ）
✗ **B: Me _too_.**
　　（私もそう）

　「私もそうです」とか「僕も同じだ」のつもりで、〈**Me too.**〉を連発している人をよく見かけますが、間違って使っている人もけっこういるようです。

　Me too. (私もそうです) は、**前が肯定文のときのみ**用います。
〈Me, too.〉とコンマを入れることもあります。

☑ **A:** I like coffee.
　　（コーヒー党なんだ）
　 **B:** _Me too._
　　（私もそう）

　この〈Me too.〉は、〈**So do I.**〉に言い換えることができます。

☑ **A:** I like coffee.
　　（コーヒー党なんだ）
　 **B:** _So do I._
　　（私もそう）

　〈So do I.〉よりも〈Me too.〉のほうがくだけた感じに聞こえます。

　いっぽう、**前が否定文のときは、Me neither.**（私もそうではありません）としなければなりません（Me, neither. とコンマをふることもあります）。

☑ **A:** I *don't* like coffee.
　　（コーヒーがダメなんだ）
　**B:** *Me neither.*
　　（私もそう）

　この〈Me neither.〉は、〈**Neither do I.**〉に置き換えることができます

☑ **A:** I *don't* like coffee.
　　（コーヒーがダメなんだ）
　**B:** *Neither do I.*
　　（私もそう）

　〈Me neither.〉のほうがくだけた感じに聞こえます。ところが、〈Me neither.〉を〈Me either.〉といってしまうネイティヴ・スピーカーもかなりいます。〈Me either.〉は、文法書では誤用とされますが、インフォーマルな場面ではよく用いられています。

---

**A:** I don't like coffee.
　　（コーヒーがダメなんだ）
○ **B:** Me *neither.* / Neither do I.
　　（私もそう）

Mistake!

# 082. 「最近」と"時の意識"

**最近、香港へ行ってきました。**
✗ I visited Hong Kong *these days*.

「**最近 / 近ごろ / 今日**」といえば、みなさんはいくつかの副詞が頭に浮かぶでしょう。

☑ Peoples don't wear kimonos much *nowadays*?
（近頃、人々はあまり着物を着なくなった）
☑ I have a poor appetite *these days*.
（最近、食欲がないんだ）
☑ *Today* many people make hotel reservations online.
（今日では、多くの人がネットでホテルの予約をしている）

**nowadays / these days / today** という3つの副詞（句）は「**（過去と比較して）近頃**」で、原則、**現在時制の文**で用います（なかでは"these days"がいちばんくだけた言いまわしです）。

他方、**"recently"** は「**つい最近**」という意味で、**過去の一時点に起こったこと**をほのめかします。したがって、**過去の文**で用いることができます。

○ I visited Hong Kong *recenty*.
（最近、香港へ行ってきました）

「つい最近」という過去に起こり、それが現在も続いている場合であれば、**現在完了の文**で用いることもできます。

☑️ I've been busy *recently*.
（このところ忙しいんだ）

"lately" も、ほぼ "recently" と同じように使うことができます。これらは**否定文**でも用いることができます。

☑️ I haven't seen him *lately*.
（最近、彼を見かけません）
= I haven't seen him *recently*.

しかし、"recently" が過去の文と現在完了の文で用いることができるのに対し、"lately" は原則、**現在完了の文のみ**に用います。したがって、ふつう、

✖️ I visited Hong Kong *lately*.

とはしません。

では、"recently" と "lately" の違いは何でしょうか。

ネイティヴ・スピーカーにしつこく聞いてみると、どうやら "recently" は**時間上の「点」**を意識しており（だから過去時制の文で使うことが多い）、"lately" は**時間上の「線」**を意識している（だから現在完了の文で使う）ようです。

---

**最近、香港へ行ってきました。**
⭕ **I visited Hong Kong *recently*.**

## チェックリスト

各ユニットの問題文を英語で正しく言えるか確認してみましょう。

- ❏ 059 織田信長を知ってる？
- ❏ 060 彼女は日本のことをよく知っている。
- ❏ 061 そのタトゥー、何て書いてあるの？
- ❏ 062 ソファを動かすのを彼に手伝ってもらった。
- ❏ 063 どうやって彼女と知り合いになったの？
- ❏ 064 娘に部屋の掃除をさせた。
- ❏ 065 ローマでパスポートを盗まれてしまった。
- ❏ 066 バレーボールをやっているときに、右手首を骨折してしまった。
- ❏ 067 クイーンを取られないようにな。取られたら、チェスの試合では負けだ。
- ❏ 068 牛乳は体質的に合いません。
- ❏ 069 きょう学校の先生に叱られちゃった。
- ❏ 070 今年は何か新しいことにチャレンジしたいです。
- ❏ 071 なんとかして英語がうまく話せるようになりたい。
- ❏ 072 彼女には友だちがほとんどいない。
- ❏ 073 彼女はいつも快く私たちを助けてくれた。
- ❏ 074 タバコを吸ってもよろしいですか？
- ❏ 075 あなたはそれでいいですか？
- ❏ 076 彼女は神経質だ。
- ❏ 077 ほとんどの赤ちゃんは夜泣きする。
- ❏ 078 バスがまだ来ないんだ。
- ❏ 079 イタリアが好き。とりわけイタリアの夏が。
- ❏ 080 今のところ、まだ彼から電話はない。
- ❏ 081 コーヒーがダメなんだ。── 私もそう。
- ❏ 082 最近、香港へ行ってきました。

第 **4** 章

「**成句**」

の曲解

**Mistake!**

# 083. 〈rob A of B〉の謎と変遷

**ギャングが銀行を襲って1000万ドルを奪った。**

✗ The gang robbed *10 million dollars* of the bank.

　**"rob"** は、西暦1200年ごろの中英語 (中期英語) にさかのぼります。原義は「衣類を略奪する」で、衣服が戦利品のなかでも重要な品だったことがうかがえます ("rob" は、「衣服 / バスローブ」の意味をもつ "robe" と語源的に同根です)。

　現在では、**rob A of B** (A から B を奪う) という形をとって、不法に (多くの場合、暴力や脅しなどを使って) 人や銀行から金品を「強奪する / 略奪する」という意味で用いられます。

**○** The gang *robbed* the bank *of* 10 million dollars.
　　(ギャングが銀行を襲って1000万ドルを奪った)

　この **"of"** は〈**分離・除去**〉(= off) をあらわし、「ギャングが銀行を襲って (The gang robbed the bank)、1000万ドルが引き離された (of 10 million dollars)」と説明されることが多いようです。

　rob (強奪する) の仲間を眺めてみると、deprive (剥奪する) やclear (取り除く) などの "分離" や "除去" をあらわす動詞も "rob" と同じように、後ろに〈**A (全体) of B (部分)**〉をしたがえています。

　"of" が「帰属」や「出所」を示すことから、属性関係を含意することはよく知られていますが、「B は A に属すべきもの」であれば、〈**B (部分) of A (全体)**〉の順、つまり〈**rob B of A**〉になるはずです。しかし、そうはなっていません。

　江川泰一郎は「いわゆる転移によって2つの目的語が入れ換わったのであろう」と推測し (『英文法詳説』金子書房)、小西友七らは「一

種の転置が働いて」、このような構文になったのだと述べています（『英語基本動詞辞典』研究社）。

　これらの論拠はおそらく『オックスフォード英語辞典』(*OED*) でしょうが、そこでは、"rob" の目的語に人や場所 (＝全体) を置こうという気持から A (全体) と B (部分) が転移を起こして (in a kind of transposition)、〈A (全体) of B (部分)〉となったことを解き明かしています。

　ところが、話はこれでおしまいではありません。近年、rob B from A (A から B を奪う) が容認されるようになったのです（『*OED*』によれば、古くはこうした用法もあったようですが、広く普及することはありせんでした）。

　以下の英文をごらんください。

☑ The gang *robbed* 10 million dollars *from* the bank.

　『詳説 レクシス プラネットボード』(鷹家秀史・林龍次郎 / 旺文社 / 2004) によれば、〈rob B from A〉を認めるアメリカ人がなんと85パーセント、イギリスで61パーセントもいるという報告をしています。

　学校英語では現在、こうした用法を認めていませんが、まったくの誤用として扱うには問題がありそうです。少なくとも、「こうした用法を容認する英語母語話者はたくさんいる」ということを学習者には伝えておいたほうがよいと思われます。

**ギャングが銀行を襲って1000万ドルを奪った。**
○ **The gang robbed *the bank* of 10 million dollars.**

**Mistake!**

# 084. 〈favor〉の勘違い

〔窓を閉めてほしいときに〕
ちょっとお願いがあるんだけど。
? Would you *do me a favor*?

　大学入試によく出る熟語のひとつに、**do A a favor**（A に好意を
ほどこす）があります。また、このイディオムを使った、**Would
you do me a favor?**（ちょっとお願いがあるのですが）は口語表現の
なかでも最頻出であるとされています。

　問題は、ささいなお願いをするときでも、"do me a favor" を使
ってしまうことです。"favor" は「**親切な行為 / 格別のはからい**」
です。つまり、"do me a favor" は、**手間や面倒のかかる（ときに深
刻な）ことをお願いするときに使う文句**なのです。

☑ **A:** Would you *do me a favor*?
　　（ちょっとお願いがあるんだけど）
　**B:** Yes. What do you need?
　　（いいわよ。どんなこと？）
　**A:** Could I borrow some money please?
　　（お金を借りられないかなと思って）

ささいな頼みごとをするときは、次のような表現を用います。

**O** Would you *do something for me*?
　　（ちょっとお願いがあるんだけど）

**"do something for me"** という表現を使うのです。

☑ **A:** Would you *do something for me*?
（ちょっとお願いがあるんだけど）

**B:** What?
（何？）

**A:** Go in the garage and get the toolbox.
（ガレージへ行って、道具箱を持ってきて）

あるいは、次のようにいうこともあります。

**O** Do something for me, will you?
（ちょっといいかな？）

以下のやりとりをごらんください。

☑ **A:** Do something for me, will you?
（ちょっといい？）

**B:** What?
（何？）

**A:** Close that window.
（そこの窓を閉めて）

---

〔窓を閉めてほしいときに〕
**ちょっとお願いがあるんだけど。**
**O Would you *do something for me*?**
**O *Do something for me*, will you?**

**Mistake!**

# 085. 「悪口を言う」の不自然

他人の悪口を言ってはいけない。
**? You shouldn't *speak ill of* others.**

　手もとにある大学入試のための熟語集を数冊をめくってみると、いずれも **speak ill of A**（A の悪口を言う）というイディオムを載せています（この場合の "ill" は「悪意をもって／意地悪く」という意味の副詞です）。

　というわけで、「他人の悪口を言ってはいけない」を、高校生や大学生に英訳してもらうと、十中八九、下のような英文を書きます。

**?** You shouldn't *speak ill of* others.

**〈speak ill of A〉は、ひじょうに古めかしく、日常生活で耳にすることはめったにない表現**です。

☑ Don't *speak ill of* the dead.
　（死者をむち打ってはならぬ）

　死んだ人の言行を非難して「死者をむち打つ」といいますが、このような格言めいた言いまわしでしか使わないのです。

　先年、たまたま見ていたアメリカの TV ドラマ *MONK* でも、〈speak ill of〉の目的語は "the dead" でした。ドラマのなかで吐かれたセリフは次のようなものです。

☑ I hate to *speak ill of* the dead, but she was a royal pain in the rump.

（死んだ人間の悪口は言いたくないけど、彼女は目の上のたん
こぶだったのよ）

▶ a (royal) pain in the rump [ass / butt]「クソいまいましい人間」

　では、英語母語話者は「他人の悪口を言ってはいけない」をどの
ようにいっているのでしょうか。

○ You shouldn't *say bad things about* other people.

　　▶ say bad things about A「A の悪口を言う」

　"bad" を他の形容詞（terrible / horrible など）に変えて使うことも
あります。
　次の表現もよく耳にします。

○ You shouldn't *talk badly about* people.

　　▶ talk [speak] badly [bad] about A「A のことをひどく言う」

　また、下品な口語では、**talk shit about A**（A のことをボロカス
に言う）という表現を使うこともあります。

☑ She's always *talking shit about* Stan.
　　（彼女はスタンのことをいつもボロカスに言っている）

---

**他人の悪口を言ってはいけない。**

○ **You shouldn't *say bad things about* other people.**

○ **You shouldn't *talk [speak] badly [bad] about* other people.**

Mistake!

# 086. 人やペットの「扱い」はどうあらわす?

**彼女は客あしらいがうまい。**
✖ She's good at *dealing* customers.
✖ She's good at *handling with* customers.

"**deal**" を他動詞として用いた場合は「(カードなどを) 配る / (麻薬などを) 売買する」で、〈deal with A〉のように自動詞として用いた場合は「(問題などに) 取り組む」という意味をもちます。

「(人を) 扱う」という意味でも用いられるのですが、その場合は**「うまい / へた」のような形容詞とともに用いたり、様態の副詞を伴うのがふつうです。**

○ She's good at *dealing with* customers.
☑ She *dealt* politely *with* the impatient customer.
　(彼女はいらだった客を丁重に扱った)

いっぽう、"**handle**" は自動詞として用いた場合は「操作できる / 操縦できる」の意味をもち (様態をあらわす副詞を伴うのがふつうです)、**他動詞で用いたときのみ「(人を) 扱う」の意味をもつことができます。**

○ She's good at *handling* customers.

しかしながら、ネイティヴ・スピーカーはこのようなとき、

○ She *has a way with* customers.

という表現を好んで用います。

✅ **A:** The new salesclerk really *has a way with* customers.
（今度入った店員はほんとうに客あしらいがうまいわね）
　**B:** We're lucky we got someone so cheerful and talkative.
（陽気でおしゃべり好きな人が来てくれてよかったよ）

　**"have a way with A"** は「(扱いにくいとされる) **A** への接し方を心得ている」で、目的語に〈人〉や〈ペット〉を置いて用いることができます。

✅ **A:** She *has a way with* crying babies.
（彼女、泣いている赤ちゃんをうまくあやすわね）
　**B:** That's because she used to be a nurse.
（以前、保育士をやってたからね）
✅ **A:** Judy has *a way with* dogs.
（ジュディは犬のしつけが上手ね）
　**B:** I think she can speak their language.
（きっと犬語がしゃべれるのよ）

　ネイティヴ・スピーカーは日常生活において頻繁にこの表現を使いますが、どういうわけか、教科書や参考書のたぐいでは見かけることがほとんどありません。

---

**彼女は客あしらいがうまい。**
○ She's good at *dealing with* customers.
○ She's good at *handling* customers.
○ She *has a way with* customers.

# 087. 〈give up ～ing〉が使えないとき

> **30万円もするというので、その自転車を買うのを あきらめた。**
> ✗ **I *gave up* buying the bike because it cost three hundred thousand yen.**

　take up（始める）の反対表現が **give up**（やめる）です。目的語には、名詞もしくは動名詞（～ing）を置きます。このことを頭に入れて、〈give up〉の用法を見ていきましょう。

**(1) すでに持っているもの**（物・場所・地位・権限など）を「手放す / 捨てる」

☑ She *gave up* <u>control of the company</u>.
（彼女は会社の経営権を手放した）

**(2) いままで継続してきた習慣を「やめる」**

☑ I *gave up* <u>smoking</u> when I got pregnant.
（妊娠をしたときにタバコをやめたの）

　〈give up〉はすでに持っているものを手放すときや、これまで継続したことを放棄するときにしか使えないのです。すなわち、問題文の「その自転車を買うこと」は "give up" できる対象ではないのです。というわけで、"I gave up buying the bike ..." とすることはできません。

　「～する考え（思いつき・計画）をあきらめる」は〈**give up the idea of ～ing**〉として、次のようにいう必要があります。

○ I *gave up the idea of* buy*ing* the bike because it cost three hundred thousand yen.

あるいは、〈**give up on**（**the idea of**）〜**ing**〉という表現を用いて以下のように表現します。

○ *I gave up on* (*the idea of*) buy*ing* the bike because it cost three hundred thousand yen.

"on" を入れずに表現することもできますが、ネイティヴ・スピーカーはこのように **give up on**（見切りをつける／愛想を尽かす）という表現を好んで用います。以上のことをまとめてみましょう。

- 「していたこと」を途中であきらめる場合
  - ☞ give up 〜ing
- 「まだしていないこと」をあきらめる場合
  - ☞ give up (on) the idea of 〜ing
  - ☞ give up on (the idea of) 〜ing

**30万円もするというので、その自転車を買うのをあきらめた。**

○ I *gave up* (*on*) *the idea of buying* the bike because it cost three hundred thousand yen.

○ I gave up *on* (*the idea of*) *buying* the bike because it cost three hundred thousand yen.

**Mistake!**

# 088. 「～するようにしている」の誤解

> **寝る前にいつもストレッチをやっています。**
> **?** I *make it a rule to* stretch before I go to bed.

日本人に愛されている慣用句に **make it a rule to do**（～することを習慣にしている）があります。というわけで、「寝る前にいつもストレッチをやっています」を英訳してもらうと、学習者はたいてい次のような英文をつくります。

**?** I *make it a rule to* stretch before I go to bed.
（寝る前にいつもストレッチをやっています）

どうして "**?**" のマークがついているのでしょうか。
**堅苦しく感じられる**のです。それゆえ、日常会話で用いられることはまずないのです。学校英語ではこれを "重要イディオム" として教えていますが、ネイティヴ・スピーカーは「これを日常会話で使うことはまずない」と指摘します。
同様に、"**make a point of ～ing**" もまた日本人が好んで使うフレーズです。

**?** I *make a point of* stretch*ing* before I go to bed.

make a point of ～ing は「（これみよがしに）～するように**努める** /（わざとらしく）～**しようとする**」という意味です。人に印象づける（make a point）ことを暗示するため、ときに話し手の不快感を示すことになります。

☑ She *made a point of* ignor*ing* Peter throughout the meeting.
（彼女は会議の間じゅう、ピーターを無視し続けることにした）

では、英語母語話者はどのようにいっているのでしょうか。

○ I *always* stretch before I go to bed.
（寝る前にいつもストレッチをやっています）

　このように、**always**（いつも）という副詞を使って表現しようとします。

○ I *always try to* stretch before I go to bed.
○ I *try to always* stretch before I go to bed.

　あるいは、always と **try to do**（〜しようと努める）を混ぜて使うこともあります。「(日頃) 〜するようにしている」ときたら、これらのフレーズを使って表現することを学校英語はまず教えるべきです。

寝る前にいつもストレッチをやっています。
○ I *always* stretch before I go to bed.
＝ I *always try to* stretch before I go to bed.
＝ I *try to always* stretch before I go to bed.

# 089. 「～せざるをえない」の混同

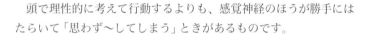

**彼があくびをかみころしている顔を見て、つい笑いがこみあげてきた。**

✗ I *had no choice but to* laugh when I saw him stifling a yawn.

　頭で理性的に考えて行動するよりも、感覚神経のほうが勝手にはたらいて「思わず～してしまう」ときがあるものです。

☑ I *couldn't help* wonder*ing* who was with her.
　（彼女はいまごろ誰といるのかなあと思わず考えてしまった）
☑ I *couldn't help* overhear*ing* you.
　（ついお話を立ち聞きしてしまいました）
☑ I *can't help* think*ing* of you.
　（あなたのことが頭から離れない）

　これらの例に見えるように、**can't help ～ing**（思わず～してしまう / つい～してしまう）は、**自分ではコントロールできない、無意識のうちになされる行動**に対して用いられます。この "help" は「（can, cannot を伴って）防ぐ / 避ける / こらえる」です。

　したがって、問題文は次のように言い換える必要があります。

○ I *couldn't help* laugh*ing* when I saw him stifling a yawn.
　▶ stifle a yawn「あくびをかみころす、あくびをこらえる」

　辞書には「～せざるをえない」と訳しているものがありますが、

うーん、こう覚えるのは避けたほうがよさそうです。というのは、「(周囲の状況や客観的な事情により) ～することを余儀なくされる」と混同されることがあるからです。

☑ She *had no choice but to* leave work when she had a baby.
（赤ちゃんができたので、彼女は仕事から離れざるをえなかった）

☑ I *had to* pay cash because I didn't have a credit card.
（クレジットカードを持っていなかったので、現金で支払わざるをえなかった）

このように、**have no choice but to do**（～すること以外に選択肢がない→～せざるをえない）や **have to do**（(客観的な事情から) ～しなければならない→～せざるをえない）を使うほうがふさわしい場合もあるため、〈**can't help ～ing**〉は「思わず～してしまう/つい～してしまう」と覚えたほうがよいと思われます。

彼があくびをかみころしている顔を見て、つい笑いがこみあげてきた。
○ I *couldn't help* laugh*ing* when I saw him stifling a yawn.

# 090. 「愛さずにはいられない」の誤用

彼女のことを愛さずにはいられない。
✗ I can't stop *to love* her.
✗ I can't resist *to love* her.

"stop to do" の "to do" は〈目的〉または〈結果〉をあらわす to 不定詞です。したがって、"stop to do" は「……するために立ち止まる / 立ち止まって……する」などの意味をもちます。

☑ Let's *stop to* ask the way.
（途中で道をたずねよう）
☑ They *stopped to* admire the view.
（彼らは立ち止まって景色に見とれた）

ですから、「彼女のことを愛さずにはいられない」を、

✗ I can't *stop to* love her.

とすることはできません。

いっぽう、動名詞を目的語にした "stop 〜ing" は「〜するのをやめる」で、〈can't stop 〜ing〉とすれば「〜するのをやめられない」（＝それまでおこなっていた動作をやめることができない）となります。

○ I can't *stop* loving her.

また、**resist**（抵抗する / 反抗する）を使って、次のように表現することもできます。

○ I can't *resist* loving her.

　「〜したいという誘惑に抗することができない」とか「〜したいという気持ちを押さえることできない」というときに用いるのです。"resist" の目的語は名詞か動名詞で、to不定詞をとることはありません。

　また、"resist" は、〈**can't resist A**〉となると、「**Aの魅力や誘惑に抵抗できない**」となることも覚えておいてください。

　以下の英文で違いを確認しましょう。

（1）I didn't *resist* my boss.
　　（私は上司に反抗しなかった）
（2）I couldn't *resist* my boss.
　　（私は上司の魅力に抗することができなかった）

　（2）では、「私」と「上司」が暗になんらかの関係をもったことをほのめかしています。

**彼女のことを愛さずにはいられない。**
○ I can't stop lov*ing* her.
○ I can't resist lov*ing* her.

**Mistake!**

# 091. 〈by the time〉と〈until the time〉の勘違い

> 神戸に着くまで、アンナは眠っていた。
> ✖ **By the time** we got to Kobe, Anna was asleep.

〈期限〉をあらわす前置詞 **by**（〜までには）と、〈継続〉をあらわす前置詞 **until**［**till**］（〜までずっと）の混同が目立ちます（080を参照してください）。

☑ Please wait *until* six. I'll be back *by* that time.
（6時まで待っていてね。それまでには戻るから）

"by" と "until / till" は次のように考えるとよいでしょう。

《前置詞用法》
- by ...　　　☞「……までには」〈期限〉
- until / till ...　☞「……までずっと」〈継続〉

"until" と "till" の差はほとんどありませんが、書き言葉では "until" のほうが多く、話し言葉では "till" が多いとのリサーチがあります。また、文頭に置く場合は "until" が好まれます。

☑ *Until* recently, I thought she was your girlfriend.
（最近まであの子があなたの彼女だと思っていた）

さらにいうと、それらの**接続詞用法**を使いこなしている学習者はごくわずかです。
〈**by the time**〉は「**……するときまでに**」という意味で、そのと

きまでに**何かが完了すること**をあらわしますが、〈**until（the time）**〉は**動作や状態の継続**をあらわす文で用いられ、「**......するまで（ず
っと）**」という意味をもちます。

《接続詞用法》
- by the time ...　　☞「......するときまでには」〈期限〉
- until（the time）...　☞「......するまでずっと」　〈継続〉
= till（the time）...

until（〜までずっと）は、前置詞用法と接続詞用法の2つがあります。

☑ Wait here *until* I get back.
　（私が戻るまで、ここで待っていてね）

〈until the time〉の場合は、〈the time〉の部分はふつう省略し
ますが、〈by the time〉の〈the time〉を省略することはありません。
　さて、問題文ですが、

☑ *By the time* we got to Kobe, Anna was awake.
　（神戸に着くころには、アンナは目を覚ましていた）

という文なら論理的につながりますが、「神戸に着くまで（ずっと）、
アンナは眠っているだろう」という文では〈by the time〉を用いる
ことはできません。

---

**神戸に着くまで、アンナは眠っていた。**
○ *Until* we got to Kobe, Anna was asleep.

# 092. 〈owing to A〉と〈due to A〉と〈because of A〉

**彼女の失敗は不運によるものだった。**

✖ Her failure was *owing to* bad luck.

学習参考書にはよく次のような記述があります。

> owing to A
> = due to A
> = because of A

これら3つはいずれも「Aが原因で/Aが理由で/Aのために」などと訳されます。

"owing"は「借りがある/恩義がある」という意味をもつ動詞の"owe"に由来するのですが、**owing to A**(Aがゆえに)は「堅い表現」あるいは「古風な言いまわし」との認識があり、**ニュース記事、告知文、科学記事、公文書**などで目にする機会が多い成句です。

☑ About 50 houses collapsed *owing to* the earthquake.
（およそ50の家屋がその地震で倒壊した）

〈**due to A**〉はいくぶんフォーマルな感じがするものの、広く用いられている表現です。

☑ Some of my favorite restaurants were closed *due to* the coronavirus.
（行きつけのレストランがコロナが原因で閉店してしまった）

節の前に置くこともあります。

☑ *Due to* a lack of experience, <u>she was not accepted</u>.
（経験不足のために、彼女は採用されなかった）

"due" が形容詞であるために、この用法 (＝節の前に置く用法) は間違いだという声がありますが、「教育を受けた人々もよく用いている」(マイケル・スワン) というのが現状です。
〈due to A〉が他の2つと異なる点はまだあります。それは **be動詞の後ろで用いることがよくある**ということです。

☑ The accident <u>was</u> *due to* a mistake in operating the machine.
（その事故の原因は機械の操作ミスだった）

〈**because of A**〉について知っておくべきことは、これが3つのうちでもっとも**口語的**な表現だということです。

☑ I'm happy *because of* you.
（あなたがいるから私は幸せ）
☑ *Because of* health code violations, the bar was closed.
（衛生基準違反で、そのバーは閉店した）

それゆえ、学習者はまず〈because of A〉と〈due to A〉の用法を覚えるのがよいと思われます。

彼女の失敗は不運によるものだった。
○ Her failure was *due to* bad luck.

Mistake!

# 093. 〈according to A〉の不適切

**彼女によれば、レイは無実だそうだ。**

✗ According to *her opinion*, Ray is not guilty.

「A によれば」を意味する〈**according to A**〉には、次のような2つの用法があります。

**(1)**「**A（情報源・人）によれば**」の意味で、**ある事柄が事実であること**を示す。

☑ *According to* police reports, the violence began around midnight.
（警察の発表によると、その暴力事件は夜中の12時ごろに発生したらしい）

**(2)**「**A（情報源・人）に言わせると**」の意味で、**Aの意見に不賛成か、または疑っていること**を示す。

☑ *According to* Ken, his ex-wife tricked him out of 3 million yen.
（ケンに言わせると、先妻は彼から300万円をだまし取ったことになっている）

〈according to A〉はやや改まった表現なので、日常会話では **"say"** を使って、それぞれ

**(1)** Police reports *say* the violence began around midnight.
**(2)** Ken *says* his ex-wife tricked him out of 3 million yen.

というのがふつうです。したがって問題文は、

⭕ She *says* Ray is not guilty.

ということができます。
　学習者に多い誤りは、次のようなものです。

✖ According to *her opinion*, Ray is not guilty.

〈according to A〉のAは**情報源**であって、**意見**（**opinion**）や**見解**（**view**）**は置けない**のです。

⭕ *According to* her, Ray is not guilty.
　（彼女の意見では、レイは無実だそうだ）

　しかし、次の英文は誤りです。

✖ *According to* me, she's too optimistic.

〈according to A〉のAには**第三者しか置けない**のです。「私の意見では／私の見解では」は、次のようにあらわさないといけません。

☑ *In my opinion*, she's too optimistic.
　（私の意見では、彼女はあまりに楽観的だ）
☑ *In my view*, she's too pessimistic.
　（私の意見では、彼女はあまりに悲観的だ）

---

**彼女によれば、レイは無実だそうだ。**
⭕ **She *says* Ray is not guilty.**
⭕ **According to *her*, Ray is not guilty.**

## Mistake!

# 094. 〈Of course.〉の印象

---

〔パーティに来るかどうか聞かれて〕
お伺いします。
**? *Of course.***

〈**Of course.**〉は、「進路どおりに / コースどおりに」原義で、それが「**当然 (のこととして) / もちろん**」になりました。

さて、以下のやりとりをごらんください。

☑ **A:** Are you mad?
　　（怒ってるの？）
　**B:** *Of course* I am. Look how late you are!
　　（あたりまえでしょ。こんなに遅刻して！）

質問に対して〈Of course.〉を使うと、「当然だ。（そんなことをいちいち聞くな）」と意味をもってしまいます。**無礼な印象を与えることもある**ので注意が必要です。

次の会話を見てみましょう。

☑ **A:** We're having a party on Friday night. Can you come?
　　（土曜日の夜にパーティをやるんだ。来られる？）
**?** **B:** *Of course.*
　　（いうまでもないよ）

日本語ではこのようなとき、「もちろん」ということが同時に喜びを伝えることになりますが、先ほども述べたように、英語では質問に対して〈Of course.〉を用いると、言い方にもよりますが、ぶっ

きらぼうな返答に聞こえることもあります。

☑ **A:** We're having a party on Friday night. Can you come?
（金曜日の夜にパーティをやるんだ。来られる？）

○ **B:** *I'd be glad to.* Thank you.
（喜んで。ありがとう）

このようなときは、**喜びや感謝の気持ち**をあらわしたほうが丁寧に聞こえます。

「**もちろん（そうではない）**」と否定するときには "**not**" をつけ忘れないようにしてください。

☑ **A:** You are not kidding me, are you?
（からかっているんじゃないでしょうね？）

**B:** *Of course <u>not</u>!*
（違うよ！）

---

（パーティに来るかどうか聞かれて）
お伺いします。
○ ***I'd be glad to.* Thank you.**

**Mistake!**

# 095. 〈each other〉は副詞句?

日本人は言葉を使わずに互いに意思疎通ができる。
✗ Japanese people can communicate *each other* without words.

〈**each other**〉は「お互いに」という副詞句ではなく、「**お互い**」という**代名詞**です。したがって、次のような場合、前置詞を必要とします。

✗ They shook hands *each other*.
○ They shook hands <u>with</u> *each other*.
（彼らはお互いに握手をした）

問題文をごらんください。この communicate（意思疎通を図る）は自動詞なので、ここでもやはり前置詞を必要とします。

○ Japanese people can communicate <u>with</u> *each other* without words.

ゆえに、〈each other〉が他動詞（目的語をとる動詞）の目的語になった場合は前置詞を必要としません。

✗ Ann and Bill love <u>with</u> *each other*.
○ Linda and Bill love *each other*.
（リンダとビルは愛し合っている）

また、所有格形はつくれても、複数形になることはありません。

また、主語になることもありません。

O Sally and Joe cover *each other's* shortcomings.
（サリーとジョーは互いの欠点を補い合っている）
✖ Sally and Joe cover *each others'* shortcomings.
✖ *Each other* covers *each other's* shortcomings.

では、〈**one another**〉とは何が違うのでしょうか。

たいていの英語母語話者は、対象となる人数が2人であれ、3人以上であれ、両者を区別なく用いています。2人のときも〈one another〉を用います。

☑ Ten girls who had an audition sat for two hours without talking to each other [*one another*].
（オーディションを受けた10人の少女は、互いに言葉を交わさずに2時間も座っていた）
☑ The twins are like each other [*one another*].
（その双子は互いによく似ている）

とはいえ、現代英語においては、**人数や物の数にかかわらず、〈each other〉を使う傾向**があります。〈one another〉は堅い表現なので使用頻度が低く、一般的ではなくなりつつあります。

日本人は言葉を使わずに互いに意思疎通ができる。
O Japanese people can communicate *with each other* without words.

Mistake!

# 096. 〈anything but〉と〈nothing but〉の混同

**ピーターは素人なんかじゃない。**
✗ Peter is *nothing but* an amateur.

〈**nothing but**〉は「ただ……だけ」で、"only" とほぼ同じ意味をもちます。

☑ Peter is *nothing but* an amateur.
（ピーターはたんなる素人だ）

　問題文はこのような意味になってしまいます。〈nothing but〉の "but" は前置詞で、「素人であるということを除けば (but)、ピーターはいかなるものでもない (nothing)」のです。
　いっぽう、〈**anything but**〉は「**決して……ない /……どころではない**」と訳します。否定語がないのに、**否定的な意味**をもちます。どうしてでしょう。

○ Peter is *anything but* a gentleman.
（ピーターは紳士なんかじゃない）

　「紳士であるということを除けば (but)、ピーターはどんなものでもありうる (anything)」のです。つまり、「ピーターは紳士以外の何者かであろうが、紳士では決してない」のです。
　〈nothing but〉や〈anything but〉の "but" は**前置詞**で、「～以外」をあらわしているのですが、どうして "but" が「～以外」という意味をもつに至ったのでしょうか。わたしたちがよく知る**接続詞**の "but" と何の関係もないのでしょうか。

☑ I like everyone *but* I don't like Peter.
（みんなことは好きだけど、ピーターは好きじゃない）

　ここで使われている "but" は接続詞で、「しかし」の意味をもっています。この文を、

☑ I like everyone, *but* (I don't like) Peter.

としてみると、"but" は前置詞になり、「ピーター以外みんな好きだ」という意味になります。一見すると、品詞も意味も異なっているように思われますが、じつは同根であったのです。
　〈anything but〉は後ろに形容詞を置くこともあります。

☑ Peter is *anything but* <u>friendly</u>.
（ピーターは愛想のない人だ）

　わかりきっている場合は、後ろの語を省略してしまいます。

☑ People say Peter is friendly, but when I met him, he was *anything but* (friendly).
（ピーターは愛想のいい人だといわれているが、私が会ったときはそうではなかった）

---

**ピーターは素人なんかじゃない。**
**○ Peter is *anything but* an amateur.**

# 097. 〈at last〉と〈after all〉の差異

彼女はベストを尽くしたが、結局だめだった。
✗ She did her best, but she failed *at last*.

　これもよく見かける勘違いです。
　〈**at last**〉は「（長いこと待ち望んで）やっと（〜した）/（努力が実って）ようやく（〜できた）」です。願望が達成された喜びが含まれています。

☑ *At last* he was promoted to section chief.
　　（やっと彼は課長に昇進できた）

　〈**at long last**〉も同様の使い方をします。これは、〈at last〉を強めた表現と考えることができます。

☑ They reached the summit *at long last*.
　　（とうとう彼らは頂上に達した）

　いっぽう、〈**after all**〉は、「（予想・期待に反して）結局は〜（だ）」という意味で用いられます。
　天気予報では雨が降るといっていたが、予想に反して「結局、雨は降らなかった」場合、次のようにいいます。

☑ It didn't rain *after all*.
　　（結局、雨は降らなかった）

　したがって、問題文は以下のように訂正されなくてはなりません。

○ She did her best, but she failed *after all*.
（彼女はベストを尽くしたが、結局だめだった）

　つまり、〈after all〉は**予想や期待に反した現実を再確認する**ときに使うのです。この〈after all〉は「結局のところ」を意味する〈**in the end**〉で言い換えることができます。
　〈after all〉で、もうひとつ覚えておかなくてはならないのは、**意見を述べたあとで、聞き手がすでに知っていると思われる情報を再認識させる**ときの用法です。

☑ Let's do as she does. *After all*, she is our leader.
（彼女のいうとおりにしよう。何といっても、彼女がリーダーなんだから）

☑ This is not a matter we should interfere in. They are brothers *after all*.
（これはおれたちが干渉すべきことではない。なんだかんだいっても、彼らは兄弟なんだから）

　この〈after all〉は、日本語の「**そもそも～なんだから**」や「**しょせん～だ**」にあたります。

彼女はベストを尽くしたが、結局だめだった。
○ She did her best, but she failed *after all*.
○ She did her best, but she failed *in the end*.

**Mistake!**

# 098. 〈So much for today.〉の蔓延

〔授業のしめくくりに〕

きょうはここまで。

✗ *So much for today.*

1970年代、英語の先生たちは授業の終わりに、

✗ *So much for today.*

とよくいっていました。そして、この表現はいまなお "健在" であるようです。

《この言い方は「あることが予想や計画の通りにいかなかったので話し手が不満や失望感を持っている」つまり「授業は思ったほど成果が上がらなかった」ことを意味するもので、この場合に使うのは不適切である。》　　　（『英語語法の詳解』柏野健次 / 三省堂）

〈So much for today.〉は「**うんざりなので、きょうはもうこれで打ち切りとする**」というニュアンスなのです。

☑ He's late again. *So much for* his promises.
　　（また遅刻だ。彼の約束なんてどうせその程度だよ）

☑ Bob's car died. *So much for* our road trip to Mexico.
　　（ボブの車がダメになっちゃってね。それでメキシコへの車旅行はおしまいさ）

☑ *So much for* design. What about the cost?
　　（デザインのことはもういいからさ。費用のほうはどうだい?）

☑ *So much for* election promises.
（選挙公約なんてそんなものさ）

　このように、**So much for ...** は「**......の話はもうよそうよ**」とか「**残念ながら......はその程度のものさ**」の意味で使われるのです。
　では、授業のおしまいに英語の先生たちはどのように述べて授業をしめくくったらよいのでしょうか。

○ *That's all for* today.
　（きょうはここまで）
= *That's all I have for* today.

　あるいは、次のようにいってもよいでしょう。

○ *That's it for* today.
　（きょうはこれでおしまい）
= *That's enough for* today.

　これらが適切な表現といえましょう。

---

　〔授業のしめくくりに〕
　　**きょうはここまで。**
○ ***That's all for* today.**
○ ***That's all I have for* today.**
○ ***That's it for* today.**
○ ***That's enough for* today.**

**Mistake!**

# 099. 〈kinda〉という略式体

**彼ってちょっとカッコいいと思わない?**
**✗ He's *a kind of* cute, isn't he?**

〈**a kind of**〉は後ろに形容詞を置くことができません (009を参照してください)。ここでは、"a" を取って、次のようにいわなくてはなりません。

**○** He's *kind of* cute, isn't he?
(彼ってちょっとカッコいいと思わない?)

〈**kind of**〉は**副詞的に用いられて** (somewhat / rather に近い)、**内容に自信のないときや、言い切ることを避けるときに使います**。「**いくぶん / やや / ちょっと / どちらかというと**」などの日本語に相当します。早口の英語では〈**kinda**〉と聞こえるので、そのまま書くことがあります。

**☑** I'm okay. I'm just *kind of* tired.
(大丈夫。ちょっと疲れただけだから)
**☑** What's the matter? You look *kinda* down.
(どうしたの? しょんぼりしているように見えるけど)
▶ down「元気のない / 落ち込んでいる」(形容詞)
**☑** I *kinda* felt that you were mad at me.
(あなたが何となく私に腹を立てているように感じたんだけど)

後続する語句の本来の意味を弱めることで、言いよどんでいる感じをだします。

〈**sort of**〉にもこれがあてはまります。sorta と聞こえるので、これも縮約した形で書くことがあります。

☑ It was *sort of* a secret.
（それはまあ秘密みたいなものだった）
☑ She looked *sorta* bored with the movie.
（彼女はその映画にいくぶん退屈しているようだった）

したがって、問題文は次のようにすることもできます。

○ He's *sort of* cute, isn't he?

それぞれ、kind of / sort of とだけいうこともあります。

☑ **A:** Are you hungry?
（お腹すいてるの？）
**B:** Yeah, *kind of*.
（うん、ちょっとね）
☑ **A:** Do you agree with her opinion?
（彼女の意見に賛成なの？）
**B:** *Sort of*.
（まあね）

---

**彼ってちょっとカッコいいと思わない？**
○ He's *sort of* cute, isn't he?
○ He's *kind of* cute, isn't he?

**Mistake!**

# 100. 不自然な〈語順〉

**遅かれ早かれ、こうなるとわかっていた。**
**? I knew this would happen *later or sooner*.**

　キャロル・キングは〔*You've Got a Friend*〕のなかでこう歌って
います。

　　Winter, spring, summer and fall
　　（冬であろうと、春、夏、秋であろうと）
　　All you have to do is call
　　（わたしの名を呼んでくれるだけでいい）
　　And I'll be there
　　（いつでも駆けつけるから）
　　You've got a friend
　　（あなたはわたしの友だち）


　**語順**（word order）が「自然な英語」と「不自然な英語」を分かつ
ことがあります。わたしたち日本人にとって、四季といえば「春夏
秋冬」の順ですが、上の歌詞にも見えるように、英語圏の人たちは
「**冬春夏秋**」の順で言いあらわそうとします。
　わたしたちがよくいう「ベストテン」は、英語では〈**the ten best**〉
と逆になります。「今週のヒットソング・ベストテン」は〈the ten
best songs of this week〉です。
　問題文の「**遅かれ早かれ**」は、つねに〈**sooner or later**〉の語順
で用い、later or sooner（×）という語順になることはありません。

**O** I bet she'll be an Olympic swimmer *sooner or later*.

（彼女はきっとそのうちオリンピック選手になるよ）

**✕** I bet she'll be an Olympic swimmer *later or sooner*.

　日ごろ、何気なく使っている日常の言葉づかいをくわしく見てみると、日本語と英語では語順が異なったり、逆になったりするものがあります。代表的なものを以下に列挙してみます。

- 春夏秋冬　　　winter, spring, summer and fall（冬春夏秋）
- 遅かれ早かれ　sooner or later（早かれ遅かれ）
- 東西南北　　　north, south, east and west（北南東西）
- 夢と希望　　　hopes and dreams（希望と夢）
- 飲食　　　　　eating and drinking（食飲）
- 住所氏名　　　name and address（氏名住所）
- 売買　　　　　buying and selling（買売）
- 左右　　　　　right and left（右左）
- 白黒　　　　　black and white（黒白）
- 新旧　　　　　old and new（旧新）
- 貧富　　　　　wealth and poverty（富貧）
- 需要と供給　　supply and demand（供給と需要）
- 老いも若きも　young and old（若きも老いも）
- 古き良き時代　the good old days（良き古き時代）
- あれこれ　　　this and that（これあれ）
- あっちこっち　here and there（こっちあっち）
- 前後に　　　　back and forth（後前に）

---

**遅かれ早かれ、こうなるとわかっていた。**

**O I knew this would happen *sooner or later*.**

## チェックリスト

各ユニットの問題文を英語で正しく言えるか確認してみましょう。

- ❏ 083　ギャングが銀行を襲って1000万ドルを奪った。
- ❏ 084　〔窓を閉めてほしいときに〕ちょっとお願いがあるんだけど。
- ❏ 085　他人の悪口を言ってはいけない。
- ❏ 086　彼女は客あしらいがうまい。
- ❏ 087　30万円もするというので、その自転車を買うのをあきらめた。
- ❏ 088　寝る前にいつもストレッチをやっています。
- ❏ 089　彼があくびをかみころしている顔を見て、つい笑いがこみあげてきた。
- ❏ 090　彼女のことを愛さずにはいられない。
- ❏ 091　神戸に着くまで、アンナは眠っていた。
- ❏ 092　彼女の失敗は不運によるものだった。
- ❏ 093　彼女によれば、レイは無実だそうだ。
- ❏ 094　〔パーティに来るかどうか聞かれて〕お伺いします。
- ❏ 095　日本人は言葉を使わずに互いに意思疎通ができる。
- ❏ 096　ピーターは素人なんかじゃない。
- ❏ 097　彼女はベストを尽したが、結局だめだった。
- ❏ 098　〔授業のしめくくりに〕きょうはここまで。
- ❏ 099　彼ってちょっとカッコいいと思わない？
- ❏ 100　遅かれ早かれ、こうなるとわかっていた。

## 参考文献

- Binnick, Robert I.(2012) *The Oxford Handbook of Tense and Aspect*, Oxford University Press.
- Baugh, Albert C. and Thomas Cable.(2013 *6) *A History of the English Language*, Routledge.
- Crystal David.(2005) *The Stories of English*, Penguin.
- Huddleston, Rodney and Geoffery K.Pullum(2002) *The Cambridge Grammar of the English Language*, Cambridge University Press.
- Leech, G and Svartvik, J.(2002) *A Communicative Grammar of English*, Peason Education.
- Leech, Geoffery N.(2003 *3) *Meaning and the English Verb*, Longman.
- Martin Hewings.(2014 *3) *Addanced Grammar in Use*, Cambridge University Press.
- R. Quirk, S. Greenbaum, G. Leech and J. Svartvik(1985) *A Comprehensive Grammar of the English Language*, Longman.
- Swan, Michael(2016 *4) *Practical English Usage*, Oxford University Press.
- *The Oxford English Dictionary*(*2), Clarendon Press.

- 『英語語法レファレンス』柏野健次（三省堂）2010
- 『英語の疑問 新解決法』八木克正（三省堂）2011
- 『英語語法詳解』柏野健次（三省堂）2012
- 『英語の意味を極める I 名詞・形容詞・副詞編』友繁義典（開拓社）2016
- 『英文法解説（改訂新版）』江川泰一郎（金子書房）1991
- 『現代英文法講義』安藤貞雄（開拓社）2005
- 『ことばの実際 2 コーパスと英文法』滝沢直宏（研究社）2017
- 『詳説 レクシス プラネットボード』鷹家秀史・林龍次郎（旺文社）2004
- 『謎解きの英文法 冠詞と名詞』久野暲・高見健一（くろしお出版）2004
- 『モダリティ』澤田治美（開拓社）2006
- 『ウィズダム英和辞典 第 3 版』井上永幸・赤野一郎〔編〕（三省堂）2013
- 『オックスフォード実例現代英語用法辞典 第 4 版』マイケル・スワン / 訳：吉田正治（研究社）2018
- 『コアレックス英和辞典 第 3 版』野村恵造（旺文社）2018

## ■著者紹介

**里中哲彦** (さとなか・てつひこ)

　河合文化教育研究所研究員 (「現代史研究会」主宰)。河合塾英語科講師、早稲田大学エンクテンションセンター講師。早稲田大学政治経済学部中退。評論活動は、ポピュラー音楽史、時代小説、ミステリー小説、英語学など多岐にわたる。

　著書に『アフォリズムの底力』『激論！ 英文法』(プレイス)、『英文法の魅力』(中公新書)、『教養として学んでおきたいビートルズ』(マイナビ新書)、『はじめてのアメリカ音楽史』(ちくま新書)、『鬼平犯科帳を極める ザ・ファイナル』 ロバート・B・パーカー研究読本』(論創社)、訳書に『名言なんか蹴っとばせ』ジョナソン・グリーン (現代書館)、『ねこ式人生のレシピ』ミネット・ヴァレンタイン (長崎出版)、『朝から晩までつぶやく英語表現200』キャサリン・A・クラフト (ちくま新書) など多数。

# 英語ミステイクの底力
## —— あなたの英語をアップデートする100の誤文

2021年10月21日　初版印刷　　　　　　　2021年11月1日　初版発行

| | |
|---|---|
| 編 著 者 | 里　中　哲　彦 |
| 発 行 者 | 山　内　昭　夫 |
| 発　　行 | 有限会社 プレイス |
| | 〒112-0002 東京都文京区小石川5-24-11-206 |
| | 電話　03 (3814) 6742 |
| | URL　http://www.place-inc.net/ |
| 印刷・製本 | 中央精版印刷株式会社 |

カバーデザイン・本文イラスト／パント大吉 (オフィスパント)
本文DTP／Aria
©Tetsuhiko Satonaka / 2021 Printed in Japan
ISBN 978-4-903738-48-2
定価はカバーに表示してあります。乱丁本・落丁本はお取替いたします。